1ª edição • 1 reimpressão
Rio de Janeiro • 2020

SABER DO NEGRO

Joel Rufino dos Santos

PALLAS

Copyright © 2015
Joel Rufino dos Santos

Editoras
Cristina Fernandes Warth
Mariana Warth

Produção editorial
Aron Balmas
Livia Cabrini

Diagramação
Aron Balmas

Revisão
Joana Milli

Capa
Rafael Nobre e Igor Arume
Babilonia Cultura Editorial

Esta publicação foi realizada com recursos do Edital de Apoio à Coedição de Livros de Autores Negros, da Fundação Biblioteca Nacional, do Ministério da Cultura, em parceria com a Secretaria de Políticas de Promoção da Igualdade Racial da Presidência da República — SEPPIR/PR.

Este livro segue as novas regras do Acordo Ortográfico da Língua Portuguesa.

Todos os direitos reservados à Pallas Editora e Distribuidora Ltda. É vetada a reprodução por qualquer meio mecânico, eletrônico, xerográfico etc., sem a permissão por escrito da editora, de parte ou totalidade do material escrito.

CIP-BRASIL. CATALOGAÇÃO-NA-FONTE
SINDICATO NACIONAL DOS EDITORES DE LIVROS, RJ

S235s

Santos, Joel Rufino dos, 1941-
    Saber do negro / Joel Rufino dos Santos. - 1. ed. - Rio de Janeiro : Pallas, 2015.
    184 p. : il. ; 21 cm.

Inclui bibliografia
ISBN 978-85-347-0527-1 (Pallas Editora)
ISBN 978-85-333-0755-1 (Biblioteca Nacional)

1. Cultura afro-brasileira - Estudo e ensino. 2. Cultura afro-brasileira - História. 3. Negros - Brasil - História. I. Título.

15-21946

CDD: 305.89
CDU: 316.347(=2/=8)

Pallas Editora e Distribuidora Ltda.
Rua Frederico de Albuquerque, 56 – Higienópolis
CEP 21050-840 – Rio de Janeiro – RJ
Tel./fax: 21 2270-0186
www.pallaseditora.com.br
pallas@pallaseditora.com.br

"Essas coisas, quando nascem na consciência da gente, isto é, quando a gente verifica a importância social que elas estão tomando, já faz muito que nasceram de misturas, influências e invenções ocasionais do povo. E o povo não costuma datar os atos corriqueiros da sua vida..."

Mário de Andrade
(Ilustração Musical, Rio de Janeiro, ano 1, n. 2, 1930)

Sumário

9	Introdução
15	**Capítulo 1** — A luta organizada contra o racismo
24	*Democracia racial: desejo nacional*
27	*Henrique Dias × Zumbi*
33	*Notas do capítulo*
93	**Capítulo 2** — A rebeldia
96	*Quilombos*
101	*Quilombos contemporâneos*
104	*Palmares*
109	*Alufás da libertação*
111	*1835: a grande insurreição*
113	*Notas do capítulo*
151	**Capítulo 3** — A marginalização
151	*Marginalização e pauperização*
152	*As regiões atrasadas: o caso do Maranhão*
158	*As regiões desenvolvidas: o caso de São Paulo*
162	*A "ideologia de barragem"*
166	*Conclusão*
174	*Notas do capítulo*

Introdução

Em maio de 1980, levado pelo Centro de Cultura Negra do Maranhão, estive num alagado de São Luís. Ia fazer, na Associação de Moradores, uma palestra sobre História do Brasil, mas o horror da miséria me encolheu. Estava diante de dois velhos, um jovem e quatro mulheres, uma das quais dando de mamar. Confessei que não tinha nada pra lhes dizer — meu pouco saber era inútil.

— Como não tem?! — falou um dos velhos, após um silêncio pesado. — Você não estudou?! Intelectual é bobo mesmo...

Este trabalho poderia ser uma satisfação àquele velho preto. Formalmente, é um produto da pesquisa intitulada "Relações Brasil-África entre os séculos 16 e 19". O principal dessas relações, obviamente, foi o tráfico negreiro, ao mesmo tempo causa e efeito do escravismo colonial brasileiro. Supusemos, os encarregados da pesquisa, que ela conduzisse, no final, a uma releitura do papel desempenhado pelo negro em nossa história — e que caberia, portanto, na lista de seus produtos, um texto de caráter historiográfico.

Seu valor como texto historiográfico pode ser contestado, pois, salvo excepcionalmente, não trabalhamos fontes primárias; e, certamente, andamos precisados disso. O conhecimento, em ciência social, entretanto se acumula também: pelo cotejo de ideias anteriores e reordenação do material que outros primariamente acumularam. Sobretudo em tema tão *ideológico* quanto o negro e sua história. Um exemplo: mais ou menos sobre a mesma matéria com que trabalharam os historiadores da geração passada — aqui e ali ampliada por pesquisas originais —, os contemporâneos atuais elaboraram bem diferente interpretação do funcionamento da economia colonial escravista.

A pesquisa, de que resultou este texto, durou dois anos e meio, o bastante para esquadrinharmos tudo o que se publicou, em livros, periódicos, *papers*, e o que se imprimiu em fitas e cartazes sobre o negro brasileiro e sua história, no Brasil, em alguns países africanos e europeus. Estivemos presentes a quase todas as discussões, em congressos, seminários, encontros e simpósios que se realizaram entre a metade de 1980 e a de 1984. Quase não houve africanista ou estudioso do negro de passagem por aqui que não ouvíssemos. Alguma coisa desta enorme massa de dados nos terá escapado, mas não, certamente, o bastante para alterar as prudentes conclusões a que chegamos.

Um esforço desta envergadura, e neste prazo, teria sido impossível a uma pessoa só. Ainda que este texto — lembro que ele é somente um dos produtos da pesquisa — vá assinado por mim, suas formulações sendo exclusivamente minhas, diversas pessoas e instituições figuram no seu crédito. Ainda que as *notas* de cada capítulo tenham, também, a finalidade de lhes fazer justiça, devo destacar, aqui, algumas delas:

Paulo Roberto dos Santos, José Maria Nunes Pereira, Manuel Faustino dos Santos, J.J. Siqueira, Judite dos Santos

Rosário, Jacques d'Adesky — colegas do Centro de Estudos Afro-Asiáticos, do Conjunto Universitário Cândido Mendes, que, com financiamento da *Ford Foundation*, propiciou a pesquisa —, com quem troquei, diversas vezes, informações e opiniões. Pelo mesmo motivo, Michael Turner, da *Ford Foundation*.

Ari Araújo, ex-pesquisador do C.E.A.A., que elaborou preciosa cronologia da história do negro no Brasil; Beatriz Nascimento, que em poucas conversas estimulou minha compreensão da problemática negra; Pierre-Michell Fontaine, *brazilianist* profundo e meticuloso; as duas dezenas de alunos do curso "História do Negro Brasileiro I" que dei em 1982, que me abriram os olhos para certas questões... Cito-os para representarem as centenas de pessoas que contribuíram para este livro.

Não caberia agradecer a funcionários do C.E.A.A, (pois nisso consiste, precisamente, seu dever assumido), não fosse o fato de terem trabalhado sempre com desvelo na digitação deste texto. Ana Maria Senna Rocha, na biblioteca; Sônia Maria Loureiro, Sandra Salamão e Suely Cristina Mizael Lange, na datilografia; Mário Martins Chagas, em diversas providências.

Quanto a instituições, é difícil imaginar outra, que não o C.E.A.A., do Conjunto Universitário Cândido Mendes, capaz de basear, no momento atual (1982), uma pesquisa desta natureza. À SECNEB (Sociedade de Estudos das Culturas Negras do Brasil), devemos a oportunidade de aprofundar e cotejar pontos de vista com estudiosos de todo o país, nos seus encontros anuais em Salvador — coincidindo, em geral, auspiciosamente, com a festa do Senhor do Bonfim. O IPCN (Instituto de Pesquisas das Culturas Negras), da Rua Mem de

Sá, que se tornou um foro de livres discussões e o principal consumidor, por assim dizer, do saber do negro acumulado em instituições de pesquisa e por estudiosos isolados. E enfim, mas não por último, devo lembrar o papel desempenhado pelos centros afro-brasileiros, afro-asiáticos, de cultura negra e similares, espalhados por todo o país — bem representados, por exemplo, pelo Centro de Cultura Negra do Maranhão, que nos deram a chance de intercambiar, em conferências e mesas-redondas, o fruto de nossos estudos. Ao IPEAFRO (Instituto de Pesquisas e Estudos Afro), da PUC de São Paulo, devemos, em especial, a oportunidade de uma pesquisa de campo, os "quilombos contemporâneos" — visitamos, com seu patrocínio, diversas comunidades rurais negras em Minas e no Maranhão. Da mesma forma, ao Museu Histórico da Cidade do Rio de Janeiro, com cuja equipe de pesquisadores estudamos, por cinco meses, o quilombo contemporâneo urbano do Salgueiro.

O titulo deste texto, *Saber do negro*, é intencionalmente ambíguo. Significa, ao mesmo tempo, o que ele sabe e o que se sabe sobre ele. Em algum ponto do espaço, estas duas coordenadas se encontram, gerando uma terceira: aquilo que o negro sabe de si. Este texto pode ser visto, também, variando a imagem, como saber acumulado a partir da interseção de dois planos — o historiográfico e o étnico. De qualquer jeito, é um balanço desta visão reflexa que o negro vem construindo há cerca de 30 anos, no Brasil.

Começo descrevendo as condições em que se dá a luta organizada contra o racismo, na atualidade. Desse ângulo, enfoco os dois capítulos principais da história do negro no Brasil: a rebeldia e a marginalização. Os capítulos da rebeldia e da marginalização não esgotam, naturalmente o que o negro percebe da sua história, e nem mesmo a História abarca o conjunto do saber do negro, mas eles constituem, seguramente o seu núcleo mais visível. Suponho que este texto descreve *o que* basicamente o negro organizado na luta contra o racismo sabe e *de que maneira*.

Este é um texto que eu próprio gostaria de consultar quando comecei a estudar a problemática negra. Penso que me teria sido estimulante por duas razões: enquanto o texto, propriamente dito, é um sumário não dogmático de "linhas de reflexão", as notas são verdadeira antologia de estudiosos do negro. (As notas deste ensaio dão referências, tecem comentários adicionais, transcrevem excertos e recomendam leituras básicas.) No conjunto, *Saber do negro* tem uma pretensão didática: eis um pouco do que o negro sabe, para orientação dos que querem saber mais.

Capítulo 1
A luta organizada contra o racismo

No dia 20 de Novembro de 1695, por volta de cinco horas da tarde, o mulato Antônio Soares chegou a uma clareira da Serra Dois Irmãos, no atual estado de Alagoas. Os pau-d'arco deviam estar floridos, suas enormes copas ferindo o verde da mata. Gritou uma senha e daí a pouco emergiu de um sumidouro um preto pequeno e coxo. Quando o sentiu ao alcance do braço, Soares enfiou-lhe uma faca na barriga. Saltaram então de seus esconderijos os soldados de Mendonça Furtado. O preto, refeito da surpresa, se bateu com raiva e agilidade, matou um, feriu dois e, enfim, emborcou sobre o próprio sangue. Era conhecido como Zumbi dos Palmares. **(1)**

Terminava naquela hora a mais longa das guerras brasileiras (cerca de 1595 a 1695), desdobrada em mais de 40 batalhas — de um lado, negros quilombolas; de outro três exércitos colonialistas, o português, o espanhol e o holandês. Duzentos e oitenta e oito anos depois, Antônio Soares, Mendonça Furtado, os pequenos e os grandes algozes de Zumbi, jazem esquecidos. O general Zumbi (assim o tratavam os inimigos), no entanto, foi sendo cada vez mais lembrado e conhecido. O dia da sua morte, 20 de novembro, se tornou o Dia Nacional da Consciência Negra, celebrado em todo o país por dezenas de milhares de negros e brancos. Faz-se anualmente, naquela data, uma peregrinação de povo e autoridades ao local da capital palmarina, a Cerca Real do Macaco — e, como sempre, em novembro, os paus-d'arco se apresentam especialmente floridos. **(2)**

Os negros tendem a ver sua história no Brasil como sucessão de três capítulos: a rebeldia (de que Palmares e Zumbi são o apogeu), a marginalização e a luta contra o racismo. Como toda visão do passado, esta é, naturalmente, parcial e ideológica. Não se trata do passado objetivo (até onde se pode falar disso), mas da percepção do passado a partir de um certo ângulo do presente. Uma súmula da história do negro no Brasil (ou do negro brasileiro, ou ainda, do brasileiro negro) deve começar, assim, pela atualidade, desvelando as condições e maneiras pelas quais o negro percebe a sua história.

A luta organizada contra o racismo nasce às vésperas da Revolução de Trinta — semi-intelectuais e subproletários se juntam em São Paulo (então caminhando rapidamente no sentido de se tornar a maior cidade do país), numa "imprensa negra". Jornais como *O Clarim da Alvorada* e o *O Getulino*, de Campinas — ainda hoje motivo de orgulho dos movimentos negros — denunciavam as discriminações raciais mais chocantes do nosso quadro urbano no emprego, na moradia, na educação, nos locais de lazer. Foi essa imprensa o embrião da primeira instituição de luta contra o racismo brasileiro — apresentado então, eufemisticamente, como discriminação racial —, a Frente Negra Brasileira (1931-1937). **(3)**

Não por acaso essa luta organizada contra o racismo nasce no bojo da Revolução de Trinta. Há consenso entre nossos historiadores sobre o significado dessa revolução: capítulo decisivo da ascenção burguesa entre nós, assinalaria a morte da antiga vocação colonial, "essencialmente agrícola". A velha aristocracia rural — ou que outro nome tenha — foi forçada a repartir o poder com os estratos mais altos da classe média; a cidade começou a prevalecer, enfim e definitivamente, sobre o campo; a cultura buscou rumos alternativos à transplantação que constituía seu pecado original, etc. **(4)**

É no contexto dessas mudanças, e ao seu compasso, que se elabora a *ideologia da democracia racial*, um conjunto peculiar de percepções das relações raciais, e sua evolução, até hoje bastante consensual e eficaz. A ideologia da democracia racial não fora necessária antes, os negros não disputavam lugares, não protestavam como negros e, sobretudo, ressalvando inofensivas irmandades religiosas, não se organizavam para se proteger. O triunfo do capitalismo, da burguesia e da cidade, exigiam-na, contudo, agora.

A ideologia da democracia racial pressupunha, para começar, que nossas relações de raça fossem harmônicas — harmônicas por causa da *índole* lusitana (propensa ao convívio com os povos morenos), da benignidade de nossa escravidão e, sobretudo, da mestiçagem que teria funcionado como algodão entre vidros, etc. **(5)**

Mesmo — e, aliás, sobretudo — quando os autores do período, Gilberto Freyre à frente, criticavam o biologismo dos estudiosos antigos, era na harmonia das relações raciais que ia desembocar o pensamento culto da época. O pensamento culto, mas também o vulgar: os intelectuais que produziam a *democracia racial* brasileira nunca entraram em choque com o senso comum. É notável, neste sentido, e já o notaram muitos, que parece haver um limite intransponível na percepção brasileira das relações raciais, estacando nele tanto o discurso conservador quanto o liberal, a literatura quanto o senso comum. Uma das componentes do ser brasileiro parece mesmo ser o respeito a esse limite.

Outro suporte dessa ideologia era a crença de que o desenvolvimento econômico do país — entendido como modernização, industrialização e, vagamente, como "realização de um destino manifesto" — colocaria os pretos, na competição pela vida, em pé de igualdade com os brancos. O progresso mataria o "complexo de inferioridade" dos negros, oriundo da escravidão recente.

Conectada a essa crença aparece a convicção, frequente no discurso de esquerda, *soi-disant* marxista, de que a interação de classe contém e esgota a interação racial. Entre aquela projeção otimista e este reducionismo generoso, se espremeram, até os anos 1970, os movimentos negros. Em ambos os casos parecia um esforço para tornar o negro brasileiro invisível. Ou antes: vigorava uma concepção acabada do país como grande família patriarcal, em que o macho branco ocupa o centro, e girando a sua volta, em círculos concêntricos, cada um dos parentes. Nessa família, em que todos se consideram *acima de tudo brasileiros*, integrantes pacíficos da família brasileira, o negro tem a sua órbita — de parente pobre, é verdade, mas não enjeitado, e provavelmente agradecido por constar da família. A crença na *democracia racial* aparece, assim, visivelmente como um pacto entre familiares: denunciá-lo, ainda que parcialmente, equivale a pôr em risco o equilíbrio mesmo da grande família em que historicamente nos estruturamos. **(6)**

Os pretos, no seu conjunto, participavam dessas crenças. Daí a luta organizada contra o racismo ter se caracterizado, na sua infância, por uma espécie de integracionismo: mais do que discriminados, os pretos se sentiam atrasados na corrida pela ascensão social; tirariam esse atraso pelo estudo e pela autodisciplina. **(7)** Nessa fase, a história do preto é a história que lhe conta o branco, seus heróis são pretos que serviram a brancos: o branco é o superego do preto.

Em 1937, um golpe de Estado fechou a incipiente abertura democrática instaurada pela Revolução. Deixou de existir a Frente Negra, em que haviam desembocado diversas personalidades e entidades negras integracionistas. Por sinal, e não por acaso, a Frente Negra guardava parentesco com a Ação Integralista Brasileira, de corte fascista. **(8)** Encerrada a ditadura do Estado Novo (1945), surgiu o Teatro Experimental do Negro, quase uma cobertura — ainda que efetivamente seu perfil fosse dramático — para a continuação da luta antirracista. Entre 1945 e 1970, surgiram e desapareceram dezenas de instituições negras (como o Comitê Democrático Afro-Brasileiro, o Museu de Arte Negra, entre outros). A luta organizada contra o racismo como que chegara à idade das definições.

Em geral os brasileiros, negros e brancos, tendiam a perceber o racismo "como aquilo que há nos Estados Unidos", como o extinto *apartheid* da África do Sul. Nosso senso comum distingue racismo — endêmico naqueles dois países, epidêmico em alguns outros — de *preconceito racial*, ocasionalmente constatável no nosso. A segregação e o conflito, supostamente ausentes do caso brasileiro, caracterizariam o racismo, enquanto o preconceito, sua forma mais branda, benigna, seria o "não gostar de pretos". (É interessante notar, de passagem, que a equação racial, na visão comum brasileira, se reduz a brancos × negros, não abarcando outras "raças". Tanto é assim que os movimentos negros, em geral, relutaram em estabelecer alianças com o movimento das nações indígenas, e outros menores).

Foi nos anos 1970 que a luta organizada contra o racismo desembocou, enfim, num movimento negro de amplitude nacional e claramente destacado de outros movimentos sociais e políticos. Aquilo que os próprios militantes negros convencionaram chamar de movimento negro, no entanto, eram na verdade cerca de 400 entidades, de diversos tipos, frouxamente articuladas entre si — há quem prefira mesmo designá-lo por *movimentos negros,* no plural. Havia desde organizações políticas rígidas (como o Movimento Negro Unificado, o MNU, a mais notória), até instituições semiacadêmicas (como o Grupo André Rebouças, na Universidade Federal Fluminense), passando por centros autônomos de pesquisa histórica e cultural do negro (como o Centro de Cultura Negra do Maranhão, por exemplo). **(9)**

Cerca de 400 entidades abarcando aproximadamente 3 mil ativistas, capazes, eventualmente, de mobilizar, nos momentos de tensão, confronto ou celebração, e separadamente, 25 mil simpatizantes, de classe média baixa, na sua esmagadora maioria, ou em transição para ela. Considerando o fato evidentíssimo de que a maioria da população negra se localiza da classe média baixa para trás (e, além disso, no campo e nas regiões mais pobres do país), aquela composição se apresenta como anomalia e evidente limitação. Como explicar?

Para começar, à exceção de movimentos sociais, daqueles anos, conduzidos pela igreja católica (como as Pastorais da Terra e da Favela, por exemplo) e de campanhas políticas excepcionais (como a da Abolição e das Diretas já), nossos movimentos nunca foram populares — no sentido de incluir grupos sociais abaixo da classe média. O que convencionamos chamar de História do Brasil é, entre nós, um jogo enfadonho, de elites sociais e étnicas, uma que outra vez eletrizante. Esse passado oprime, também, os movimentos negros na sua infância.

É preciso lembrar, em seguida, que os movimentos negros são filhos do *boom* educacional dos anos 1970 — proliferação de faculdades particulares estimulada pelo Estado como solução para a "crise de vagas no ensino superior", um ponto crítico das relações sociedade-governo desde 1960.

Os jovens que fundam, nos anos 1970, entidades negras de luta contra o racismo são invariavelmente dessa geração universitária; geração, primeiro, do Rio e São Paulo, onde a criação de faculdades privadas foi maior, mas também de outros estados, em que a fuga dos candidatos brancos para centros mais adiantados de ensino, deixava espaço vago para negros. É o caso típico de Maranhão, Bahia e Rio Grande do Sul, onde o notável número de "negros formados" causa espanto e gera atritos peculiares.

De qualquer jeito, foi o crescimento econômico do país, com suas contradições e mazelas, a partir, digamos, de 1968, que gerou uma massa nunca vista de universitários, e, logo, de profissionais liberais pretos. Proporcionalmente ao número de estudantes e formados brancos, ela continuará reduzida, mas será notável, embora não tenhamos estatísticas, se comparada à insignificância de antes.

Ora, a expectativa nacional, expectativa contida na própria ideologia racial brasileira, era de que "mais negros formados, menos negros discriminados". Mesmo sem considerar o descompasso entre o *boom* educacional e o mercado de trabalho, que frustraria a expectativa, em geral, da nova geração de formados, houve a frustração particular do graduado negro. O mercado estava, de fato, à sua espera, mas como mão de obra de igual competência a preço módico. O véu do templo, como na Bíblia, se rasgou de par em par: o crescimento capitalista, ao invés de corrigir, manteve ou acentuou as desigualdades raciais. **(10)**

Paralelamente, a internacionalização da economia brasileira reforçava velha tendência colonial à importação de modelos culturais (simbólicos, de comportamento, ideológicos, etc.) A socialização dessa importação foi variada e complexa, naturalmente gerando incompreensões e intolerâncias por parte de intelectuais do sistema, mas também do que se poderia chamar, forçando um pouco a mão, de *esquerda* — e, neste caso, bem se veem os limites das consciências conservadora e liberal brasileiras, que não concedem ao negro o direito de ser senão brasileiro. Milhares de negros em ascensão frustrada, guetizados no pior setor do mercado de trabalho, adotaram Eldrige Cleaver, Malcom X, Stockley Carmichael, Angela Davis e James Baldwin como gurus. Adotariam logo Samora Machel, Agostinho Neto e Amílcar Cabral, revolucionários anticoloniais. Por outro lado, Shaft, James Brown, Bob Marley e outros criadores do *black soul* conquistaram a parte menos politizada da juventude negra das principais capitais, sobretudo Rio, São Paulo e Salvador. **(11)**

Influências externas não germinam, contudo, obviamente, se o terreno não está lavrado. Não existe no Brasil, é certo, uma burguesia negra (embora o seu embrião existisse nas principais cidades do século 19 — milhares de pretos forros donos de lojas e oficinas artesanais). A estratégia da Frente Negra (1931-1937) consistia mesmo em criar essa burguesia através do binômio trabalho-estudo.

A Revolução de Trinta pareceu, a certa altura, confirmar a expectativa integracionista dos crentes na *democracia racial*, já que milhares de pretos ingressaram, então, pela porta do clientelismo populista, no aparelho do Estado; se alojaram no rádio e no futebol, que iam se tornando profissionais e de massa. Não por acaso, no período de vigência do pluripartidarismo (1945-1964), a maioria dos negros cariocas, independentemente da sua classe social, votava no PTB (Partido Trabalhista Brasileiro), fundado por Vargas para acomodar as lideranças trabalhistas. **(12)**

O ciclo revolucionário, e seu modelo econômico, chegaram ao fim por volta de 1960. A intervenção militar e a ditadura que a completou (1964-1978) instauraram outro modelo (deliberadamente, a partir de 1968), responsável por vertiginoso crescimento econômico (crescimento industrial médio de 10%), fruto da internacionalização da economia, concentração na exportação, arrocho salarial, prioridade ao combate à inflação, etc. **(13)** Com o assim chamado "milagre econômico", pareceu enfim chegada a redenção do negro. A descoberta de que ele, ao contrário, foi a sua danação — a raiz do preconceito e da discriminação sendo justamente a essência competitiva da sociedade brasileira — foi, sem dúvida, um golpe mortal na ilusão que embalou duas ou três gerações de brasileiros.

A emergência de uma geração de graduados negros e o aumento, em gênero e grau, das desigualdades raciais, foram, assim, o terreno fértil em que germinaram os movimentos negros brasileiros; as influências norte-americana e africana, a sua semente. Ora, na sua primeira etapa (digamos, entre 1970 e 1980) essa frustração social, que está na sua base, lhe imprimiu a marca; os movimentos negros trabalham politicamente o ressentimento, e o tom do seu discurso é a mágoa pela pouca consideração do branco, há como que uma ânsia em arrancar do brasileiro comum a confissão de que é racista. O racismo é apreendido, nesta fase, como fenômeno episódico, isolado. As lideranças encaram então a problemática negra como "problemática de minoria". No que se refere à percepção histórica, elas se embalam na crença ingênua de que "é impossível fazer história dos negros porque Rui Barbosa destruiu os documentos". **(14)**

Democracia racial: desejo nacional

Uma sumária lista dos grandes dilemas da luta organizada contra o racismo, começaria, com efeito, pela dificuldade em negar a *democracia racial*: ela corresponde a uma meia verdade. *Iguais oportunidades para todos e ausência de conflitos*, dois de seus pilares, são uma realidade para as minorias raciais (aquilo que o senso comum supõe sejam minorias raciais) que habitam o país — alemães, eslavos, italianos, libaneses, orientais, etc.

As histórias recentes do Sul e Sudeste ofereceriam, aliás, exemplos cabais de quanto a *civilização brasileira é aberta e receptiva ao diferente* — muitos filhos de imigrantes galgariam, nesses anos, altas posições sociais, chegando alguns aos mais altos postos de comando da Nação, como Ernesto Geisel.

A *democracia racial* existe, além disso, como aspiração geral e, neste caso, como em tantos outros, é difícil separar realidade de desejo. O brasileiro comum se vê como criatura "sem problemas deste tipo" (esta seria mesmo uma das suas mais notáveis peculiaridades nacionais) e, muito embora esta autoimagem não suprima o racismo e suas manifestações (nem mesmo sequer o conflito), funciona como modelo e paradigma, tendência e objetivo a ser alcançado.

A consciência racial do brasileiro parece, com efeito, transitar permanentemente entre duas pistas: a da realidade preconceituosa e discriminatória contra o negro, fato de todas as horas; e a do desejo de relações fraternas e naturais, aspiração patriarcal de todos. As denúncias públicas de racismo, mesmo comprovadas e notórias, esbarram, por isso, geralmente, num muro de pedra: denunciar o fato equivale, no senso comum, a renegar a aspiração; e assim, por curioso artifício, o antirracista, entre nós, se transmuda frequentemente em racista. Não se deve esquecer, igualmente, que num pais visceralmente autoritário como o nosso a simples expressão *democracia racial* (ainda que a desmintam os fatos de toda hora) evocará, no homem comum, qualquer coisa justa e possível, cuja excepcionalidade mesma lhe garante a força.

É visível também que o mito da *democracia racial* não aparece isolado, mas constitui um dos fios da elástica malha em que repousa a consciência de ser brasileiro. Ele se prende aos resistentes mitos da *cordialidade*, da *história incruenta*, da *natureza privilegiada*, da *unidade fundamental do povo brasileiro*, da *morenidade* e outros. **(15)** Os movimentos negros se encontram, pois, diante de uma cadeia de idealizações, tentando romper um dos elos — e talvez o mais sólido.

Aparece, enfim, como outro aspecto da dificuldade em sepultar o mito da *democracia racial*, a evidência de que o negro brasileiro, ao longo do tempo, obteve determinados ganhos. É fato que a maioria da população negra permanece como que confinada às regiões menos desenvolvidas do pais; é fato, também, que, naquelas tocadas pelo que convencionamos chamar desenvolvimento, surgiram formas inéditas de discriminação racial, sem que eludisse a principal e mais antiga, que consiste em pagar menos à mão de obra negra. É no entanto verdade também que, como um *hímen complacente*, a sociedade brasileira diminuiu, nos últimos cinquenta anos, sua resistência à ascensão das pessoas não brancas — pelas artes, pelos esportes e, em grau menor, pela política. A cidade, mais elástica que o campo, permitiu ao negro a livre associação, brotando por toda parte aquilo que alguém, com propriedade, chamou "grupos específicos". **(16)**

E, enfim, as contradições subjetivas do ser brasileiro (por assim dizer) permitiram ao negro, em alguns terrenos importantes, *simbolizar* e até mesmo *representar* a Nação. **(17)**

Será sem dúvida esse — contraditar o mito da democracia racial — o principal obstáculo ao crescimento dos movimentos negros. Vem, em seguida, a incapacidade — mais prática, na verdade, que teórica — de articular os conceitos de raça e classe; e deduzir desta articulação uma estratégia mobilizadora da população negra proletária e subproletária. *Raça, cor, etnia* e *cultura* são usados indistintamente no discurso desses movimentos, o que parece enfraquecer sua função de *pedais do conhecimento e da ação*. Ao proletário preto, por exemplo, é indiscutivelmente mais fácil chegar à consciência de classe que à de *raça*; o inverso para a classe média (o profissional liberal, o funcionário graduado, o pequeno comerciante em ascensão).

Mulato é negro? Os números do mercado de trabalho indicam que quase é, como já se referiu; diante da estereotipia e da discriminação é igualmente insignificante a distância que o separa do preto. Este, no entanto, é apenas um dos termos da equação do mulato no quadro das relações raciais brasileiras sobre a qual se debruçam, sem aparente sucesso, os movimentos negros. Numa sociedade multirracial como a nossa, em que a autodefiniçao é importante critério classificatório (respeitados certos limites, naturalmente), o mulato é efetivamente algo diferente do preto e do branco. Ou, como já observou alguém, é uma coisa ou outra conforme lhe interesse. Eis um enigma que ameaça devorar a luta organizada contra o racismo no país da *democracia racial*.

Henrique Dias × Zumbi

Há, enfim, o dilema integração × rejeição. Mesmo um observador desinformado pode notar que os movimentos negros se repartem em duas grandes estratégias: de um lado os que visam à *perfeita integração* do negro à sociedade brasileira, tal como ela funciona nesse momento; de outro, os que investem na subversão da atual sociedade brasileira como exclusivo caminho para a redenção do negro. O dilema está posto, pelo menos, desde os primeiros desembarques de africanos. É no entanto, em dois "heróis" do século 17 — Henrique Dias e Zumbi — que os intelectuais e militantes negros costumam simbolizar as *opções antagônicas* diante da sociedade racista brasileira. Henrique Dias — e no discurso militante esse nome é xingamento —, emprestando seu corpo e sua alma aos senhores portugueses, no instante capital da "invasão" holandesa (1630-1635), no dia da sua expulsão (1645-1654) e, por fim, no massacre de Palmares (de 1640 em diante), entrou para a galeria de heróis da pátria, mas também para o bestiário dos movimentos negros: eis o *preto de alma branca*, o que obteve *sucesso* no serviço dos brancos, o que se aplicou em dominar as regras do mundo branco para reinar, ele também, sobre os pretos. Eis o primeiro da legião dos henriques.

Se Henrique — "*governador dos pretos, crioulos e mulatos do Estado do Brasil*" — é o que *aceita*, Zumbi dos Palmares é o que *recusa*. Sua vida — mais a *vida completa*, tecida pelos negros de hoje, que a real — foi uma enfiada de recusas: recusou a adoção do padre a quem fora presenteado, recusou o litoral e o mundo dos brancos, recusou a paz e, enfim, a rendição de Palmares.

Esses dois emblemas funcionam bem, no entanto, só até uma certa profundidade: os militantes negros se definem, com efeito, pelo esforço em se tornar Zumbi: rejeitar as regras e levar a luta organizada até o extremo limite. Na prática social, porém, os emblemas enfrentam a turbulência de complexos e insuspeitados fenômenos.

Para começar, a sociedade brasileira nunca se fechou inteiramente ao esforço do preto para viver e ascender. A rigor, apenas os escravos de eito (cerca de 3/4 da escravaria), *fôlegos vivos*, não tinham chance de melhorar sua posição. A alforria, em geral dificílima, mas possível em grau variável, não era a única porta, havia o servilismo e a sedução calculados e, enfim, a larga avenida do sexo, sempre aberta numa sociedade em que a unidade familiar ocupava o mesmo espaço da unidade produtiva. Sem falar na espécie de *mulatropismo* que é uma de nossas marcas registradas, esta pedra no sapato das análises do quadro racial brasileiro, mas que, *vivenciado* pelo negro, foi no passado colonial, tanto quanto hoje, sua mais cômoda saída.

O escravo, lembrou alguém, é antes de tudo aquele que preferiu viver. Essa opção é já o início da sua adaptação. Ele opta por se tornar provisoriamente *coisa*, e vive à espreita de recuperar a condição humana. A sociedade escravista, visceralmente, mas não *totalmente* perversa, lhe dava algumas poucas chances; para aproveitá-las ele tinha, primeiro, de se tornar mero feixe de instintos. **(18)**

Em seguida, o escravo negro-africano devia se tornar *ladino*. O termo designa, em primeira instância, aquele que fala português, se declara cristão e parece adestrado em trabalhos, digamos, domésticos. No fundo é o que decidiu ser obediente, fiel e humilde, os atributos que até hoje compõem o "bom crioulo". Se o negro avança por essa via, o branco retira os obstáculos — é um jogo de paciência que mascarou, para os ingênuos, a violência congênita da escravidão brasileira. Pode-se supor que, em geral, o senhor branco preferisse relações não violentas, se dispondo a conceder ao preto um espaço para construir sua personalidade, no qual lhe fosse possível realimentar perpetuamente, como Sísifo, a aspiração de melhorar e subir como podia. No engenho, com sorte e aplicação, se podia ser feitor, mestre, chefe de turma, qualquer coisa assim; na casa grande, pajem, mucama, recadeiro, acompanhante, etc. Mesmo, no entanto, que permanecesse para sempre no escaninho em que o meteram, desprezível e anônimo, o escravo negro tinha chance de se ajustar, avançando ao compasso da personalidade do senhor branco.

Foi essa a situação da maior parte dos negros escravos durante a maior parte do tempo (e convém lembrar que nem *negro* nem *escravo* são grupos sociais ou classes). Objetivamente, a marca do escravo negro-brasileiro foi o formidável esforço para gravitar sem turbulência o senhor branco: a multidão dos henriques. Não se trata, esclareçamos, de justificar a "traição" do personagem histórico Henrique Dias. *Henrique* é tomado, aqui, como emblema convencional da adaptação-aceitação. Nesse sentido, Henrique Dias foi um *henrique* de sucesso, como Chica da Silva, Felipe Mina e vários outros o foram. A crônica coloquial está cheia deles.

Havia, no entanto, o quilombo, a mais avançada dentre as formas de rejeição às regras do jogo; e mais avançada por que só ela punha em risco o edifício colonial. O quilombo funcionaria como símbolo exato da rebeldia negra, não fosse uma circunstância: quilombola é tanto Ganga Zumba quanto Zumbi, cada um apontando divergente caminho. O primeiro também figura em destaque no bestiário dos movimentos negros, pela paz que firmou com o governo de Pernambuco (5 de novembro de 1678), cindindo a resistência armada palmarina; o segundo é hoje o mais notório herói étnico de um país carente deles, pela luta sem quartel que moveu ao poder colonialista.

Por sob o discurso militante, indicariam os referidos personagens-emblemas um dilema profundo dos movimentos negros? Quase certamente. Em Ganga Zumba e Zumbi estão sublimadas as duas grandes estratégias que apontávamos acima: sentar à mesa para aprender as regras, e ganhar também, *versus* virar a mesa e inventar outro jogo. De modo geral, a primeira é a opção das populações negras; a segunda, da sua intelectualidade militante. *De modo geral*, pois essa dialética *adaptação-inadaptação*, como chamou alguém, está também, e talvez sobretudo, na psique de cada negro de per si. Para os movimentos negros, o grande obstáculo tem sido este: apontam o caminho de Zumbi a massas que preferem viver como Ganga Zumba, sendo eles mesmos, num certo sentido, liderados por intelectuais militantes que mostraram em sua vida pessoal capacidade em manejar as regras do sistema capitalista para se ajustar e vencer.

Como a luta contra o sistema, em nosso caso, tende a se confundir com a luta pelo socialismo, era de se esperar uma boa aliança entre movimentos negros e agrupamentos de esquerda, mas isso não acontece na prática — nem na teoria. A esquerda, predominantemente marxista, é *reducionista*, tudo começa e termina, para ela, na interação de classes, e participa, em geral, das mesmas idealizações vulgares da consciência conservadora brasileira. Se é certo que nenhum movimento social, com extensões políticas, sobrevive sem alianças, eis aí mais um dilema da luta organizada contra o racismo: como ultrapassar este limite da *consciência possível*, brasileira, quanto à problemática racial.

O saber histórico vem sendo manejado pelos movimentos negros recentes como recurso para ultrapassar os limites dessa consciência. Na sua infância (digamos entre 1970 e 1980) desmascararam o mito da *democracia racial* e sensibilizaram uma parcela da opinião nacional para a nossa forma peculiar de racismo. Os limites do crescimento foram, então, atingidos. Nos últimos anos do período citado, com efeito, a luta organizada contra o racismo pareceu patinhar, diminuindo, consideravelmente, sua capacidade de mobilização. Como avançar a partir desse ponto? A resposta se pode deduzir dos diversos simpósios, encontros regionais (e, pelo menos, um nacional), manifestos e proclamações retóricas:

será preciso encontrar nova estratégia, baseada numa reflexão mais ampla e profunda sobre o enigma racial.

É dentro desse esforço — formidável esforço, consideradas as condições brasileiras — que o saber histórico se torna a chave da compreensão do negro e do país que ele criou, com o auxílio dos parceiros branco e indígena. Neste capítulo descrevemos, sugerindo algumas linhas de análise, as condições em que nasceu, se desenvolveu e chegou ao impasse, a luta organizada contra o racismo. Nossa hipótese é de que a superação dele depende de compreender melhor a problemática racial, e de que o saber histórico, para isso, é indispensável. (Não é o único, certamente. As disciplinas do simbólico, por exemplo, são indispensáveis neste aprofundamento do saber do negro).

Ora, os negros parecem ver o seu passado como sucessão de dois grandes capítulos — a rebeldia e a marginalização. As maneiras principais desta percepção constituem a matéria dos capítulos seguintes.

De passagem, convém fazer dois reparos metodológicos. As *maneiras* de que falamos constituem uma *média*, apurada em documentos e declarações públicas das lideranças do movimento, não significando, está claro, que estejam impregnadas por igual nas cabeças de todas: os movimentos negros, como é de regra, são divergentes. Por outro lado, essas *maneiras* oscilam em função de um eixo histórico dado como objetivo e historicamente verificável, ora se aproximando, ora se afastando dele. Não teremos, neste estudo, salvo esporadicamente, a preocupação de medir essa oscilação. Nosso centro de gravidade está na interseção de história e etnicidade.

Notas do capítulo

(1) O relato da morte de Zumbi está em diversos autores. Com maior conhecimento de causa, pode ser lido em *Palmares, a guerra dos escravos*, de Décio Freitas (Rio de Janeiro: Graal, 1978), que vem utilizando, há alguns anos, preciosa e abundante documentação sobre o assunto. Em nenhum outro autor se encontra maior soma de dados confiáveis sobre a vida de Zumbi.

(2) Nenhum vestígio material parece restar dos povoados palmarinos. É quase certo, no entanto, que restos de fortificações e trincheiras permaneciam de pé ainda no começo do século 20. Em 1917, o bacharel alagoano Correia de Oliveira excursionou à Serra da Barriga e descreveu uma trincheira:

> "Larga, de mais de três metros, comprida talvez de mil, estende-se ela pelo campo afora, aqui mais alta, além mais baixa, alguns trechos soterrados, toda, porém, de pedras superpostas, que o tempo deu tons esverdeados, com formas tristes de antiguidade e abandono."

OLIVEIRA, Correia de. Entre a história e a lenda. **Pyrausta**, Maceió, v. 1, n. 13-14-15, maio 1917. (Parte I: v. 1, n. 13, p. 1, 2 maio 1917. Parte II: v. 1, n. 14, p. 1, 9 maio 1917. Parte III: v. 1, n. 15, p. 1-2, 16 maio 1917.)

Em 1921, porém, Povina Cavalcanti nada mais encontrou. Seu depoimento é interessante, até mesmo porque recolhe a lenda de que Zumbi não se suicidara, versão local contrária aquela que tanto tempo teve curso nos manuais didáticos:

"A vista opera então o milagre. É o panorama, que se descortina do alto, depois de vencidos dois quilometros de capoeira, andados com sofreguidão na explanada intermina; é o abysmo — um valle immenso, pincelado do oiro em pétala do ipê florido e regado pelo Mundahú, de rastros, flexuoso, preguicento e lubrico, saciando a terra até à plethora; e a grimpa dos Dois Irmãos de uma lenda adorável, que a gente da Viçosa sabe de cór e o Taboleiro do Pinto enorme, colossal, infindável, como uma grande muralha, que Deus tivesse erguido para destinos ignorados...

Do outro lado, é o despenhadeiro, o flanco ingreme da montanha soberba, por onde se precipitaram no desespero da corrida os arrojados defensores da Republica.

Inacessível, o alcantilado cyclopico da montanha apresenta o aspecto de uma fortificação intransponível de granito, indigente de vegetação, quasi toda ella, já desbastada ás cimalhas pela acção corrosiva do tempo que, faz pena, ainda um dia tenha de arrasal-a, matando-lhe a imponência da ossatura gigantesca.

Tinham razões os quilombolas, quando organisaram a defesa do lado oriental sómente, construindo além da estacada, de que não ficaram vestígios, a grande trincheira, que seria inexpugnável, se antes della concluida, o paulista Domingos Jorge Velho, ao som das trombêtas de guerra, não tivesse derrocado a Republica de mais de mil escravos foragidos...

Seria então por ali, pelo flanco mais alcantilado, que teria rolado o corpo do Zumbi, na 'cambalhota épica' de seu maior arrojo, se cá não soubéssemos pela bocca do povo — vox populi — que o chefe negro fugiu com vida, buscando ainda a liberdade na floresta immensa, que o escondeu."

Povina revela, para concluir, que no povoado de Sueca, à margem da corrente em que tombou Zumbi, ergueram-se uma capelinha e um madeiro milagrosos. O fato seria mera erudição não fosse Sueca, atualmente, uma das raríssimas concentrações de pretos da região.

CAVALCANTI, Povina. A república negra. **Revista do Brasil**, São Paulo, n. 68, p. 395-398, ago. 1921.

(3) Não se fez ainda a história da Frente Negra, que permanece, assim, algo legendário. Depoimentos, em texto e fita, dos seus protagonistas — Joviano do Amaral, Correia Leite, Renato Jardim, Aristides Pereira e outros — esperam cotejo e inserção no quadro histórico.

Sobre a Frente Negra:

No início da década de 1930, em consequência da deflagração de uma ofensiva ideológica dos negros em São Paulo através dos seus órgãos de divulgação, articula-se a formação da Frente Negra, a organização que maior influência teve no comportamento do grupo étnico. Ela foi o centro convergente de uma série de entidades e grupos negros os quais, por seu turno, gravitavam em torno da sua imprensa ou por ela eram influenciados. Foi o grande momento do negro em São Paulo, o ápice de um processo que depois entrou em declínio e nunca mais alcançou o nível que ela conseguiu.

"Como vimos, no sentido organizacional, os grupos que elaboravam os jornais eram muito frágeis, entre outros motivos pelo baixo nível econômico dos seus membros. Esse sentido organizacional que era então precário terá impulso e alcançará novo e mais elevado nível com a formação da Frente Negra e a fundação do seu jornal *A Voz da Raça* (1933-1937).

A Frente Negra foi fundada em 16 de setembro de 1931. Sua sede central situava-se na Rua da Liberdade, 196. Sua estrutura organizacional já era mais complexa do que a dos jornais que a precederam e possibilitaram o seu aparecimento. Era dirigida por um Grande Conselho, constituído de 20 membros, selecionando-se, dentre eles, o Chefe e o Secretário. Havia, ainda, um Conselho Auxiliar formado pelos Cabos Distritais da Capital.

Criou-se, ainda, uma milícia frentenegrina, organização paramilitar. Os seus componentes usavam camisas brancas e recebiam rígido treinamento militar. Segundo depoimento de um dos seus fundadores, Francisco Lucrécio, a Frente Negra foi fundada por ele e outros companheiros embaixo de um poste de iluminação. Inicialmente, ainda segundo ele, houve muita incompreensão. Diziam que estavam fazendo uma discriminação ao contrário. No entanto, com o tempo, os membros da Frente Negra foram conseguindo confiança não somente da população, mas também das autoridades. Os seus membros possuíam carteira que os identificava, com retratos de frente e de perfil. Quando as autoridades policiais encontravam um negro com esse documento, respeitavam-no por que sabiam que na 'Frente Negra só entravam pessoas de bem'. Ainda segundo o depoimento de Francisco Lucrécio, conseguiram acabar com a discriminação racial que existia na então Força Pública de São Paulo que não aceitava negros nas suas fileiras. A Frente Negra inscreveu mais de quatrocentos negros, tendo muitos deles feito carreira. Alguns negros não aceitavam a Frente porque o seu presidente era monarquista.

Em face dos êxitos alcançados, a Frente Negra resolveu transformar-se em partido político em 1936. Houve, mesmo, discussões entre membros do Tribunal quando do seu pedido de registro. Mas, apesar de tudo, ela foi registrada. Estruturada em São Paulo, a Frente Negra teve ainda núcleos fundados em outros estados como o Rio de Janeiro, Pernambuco, Bahia, etc. Sua ideologia, mais articulada do que a dos grupos negros que a precederam, era fundamentalmente calcada nos valores vigentes de ascensão social, acreditando que o negro venceria à medida que conseguisse firmar-se nos diversos níveis das ciências, das artes e da literatura. Cabia, também, à Frente Negra orientar os seus membros, pois o negro, segundo os seus dirigentes, desde a Abolição vinha ressentindo-se de 'melhores noções de instrução e educação'. Essa ideologia era praticamente a plataforma do partido político. Com o Estado Novo, foi fechado o partido e a Frente Negra desagregou-se.

Raul Joviano do Amaral tentou, ainda, conservar a organização com o nome de União Negra Brasileira. Mas, diante da repressão, o movimento desarticulou-se e o seu jornal *A Voz da Raça* deixou de circular. A União morreu melancolicamente, em 1938, exatamente quando se comemoravam os 50 anos da Abolição.

A ditadura estadonovista atingiu profundamente não apenas a Frente Negra mas todas as organizações negras populares. Daí o fato de vermos na Grande São Paulo, funcionando para os negros, apenas clubes de lazer de uma pequena classe média, como o *Aristocrata*, pois tudo o que tinha caráter popular foi reprimido. Com isto, as organizações negras retraíram-se taticamente. Há um interregno no qual esses grupos específicos recuam para somar forças depois. Os seus líderes também desaparecem ou se retiram para posições defensivas."

MOURA, Clóvis. **Organizações negras. São Paulo: o povo em movimento.** 2. ed. Petrópolis: Vozes, 1980. (p. 154-157)

(4) É vastíssima a bibliografia sobre a Revolução de Trinta. Manoel Maurício de Albuquerque sintetizou desta maneira seu significado no plano econômico:

"O Movimento de 30, no plano econômico, pode ser analisado como uma convergência de elementos internos e poderosamente influenciados pela conjuntura mundial. Ainda que a proposta industrializante não fosse colocada abertamente como uma bandeira de luta, a verdade é que estava em curso o processo de *substituição de importações,* e o posicionamento de Júlio Prestes não animava esperanças de uma opção em favor da atividade fabril. Tornava-se claro que a dependência da economia brasileira de uma perspectiva primário-exportadora, baseada no exclusivismo do café, tornava-a extremamente frágil às oscilações do mercado externo. (...)
A crise de 1929 imobilizou temporariamente os defensores do setor agrário-exportador, redefinindo a organização do Estado, que vai imprimir novos caminhos à vida nacional. Assim é que a crise do café, a ação dos setores agrário e urbanos vão propor um novo padrão de uso de poder no Brasil. Entretanto, as medidas de defesa do café em 1931, cujos estoques atingiam o valor de 3 milhões de contos, revelam que houve articulação de forças e não a eliminação das regalias do setor agrário. O Movimento de

1930 apresenta a quebra da hegemonia absoluta do setor exportador e uma melhoria dos setores industriais, sem que estes se tornassem o segmento dominante."

ALBUQUERQUE, Manoel Maurício de. **Pequena história da formação social brasileira**. 2. ed. Rio de Janeiro: Graal, 1981. (p. 566 e 567)

(5) São infindáveis os testemunhos e depoimentos sobre a benignidade da escravidão brasileira, a começar pelos viajantes estrangeiros do século 19:

"Ótimo tratamento experimentavam os escravos das fazendas pertencentes aos padres ou aos conventos; já a disciplina costumeira e a rotina lhes facilitam o moderado trabalho obrigatório, e sua alimentação quase sempre é bem preparada. Os filhos dos escravos, em regra, são instruídos no canto da igreja e na doutrina do catecismo. Todas as noites, às sete horas, terminado o trabalho, os escravos reúnem-se para um cântico religioso e para rezar o terço. Além dos domingos e dias santos, os sábados também lhes pertencem, a fim de poderem trabalhar em seu próprio proveito. Assim sendo, a maioria dos escravos ganha o suficiente para poder comprar a sua liberdade. Neste caso, ou quando ele, escravo, morre, geralmente teve licença de legar o seu pequeno terreno para quem quiser, ainda que não possua nenhum direito de propriedade. Até os doze anos de idade, os filhos dos escravos não são obrigados a trabalhar, a não ser limpar feijão para a comida dos cativos, limpar as sementes para semear, tomar conta dos animais e fazer outros serviços caseiros. Mais tarde, as meninas têm de fiar algodão, e os meninos já devem ajudar na roça. Quando um menino mostra aptidão para um ofício, deixam-no aprendê-lo, a fim de exercê-lo na fazenda; com isto, se dá o ensejo para a sua liberdade, por intermédio de serviços extraordinários, garantindo um futuro livre.

As meninas casam aos 14 anos e os rapazes aos 17 e 18; em geral, o casamento é muito facilitado. Após o casamento, as recém-casadas também começam a trabalhar na roça, sendo que o novo casal recebe um lote de terra, a fim de construir sua casinha, e para trabalharem em proveito próprio, nos dias concedidos para tal. Também os recém--chegados da África, mostra-se toda a consideração, a fim de não obrigá-los a trabalhar cedo demais, o que convém tanto ao proprietário como ao escravo, pois, em geral, passam-se 6 a 8 meses até que o negro aprenda bem os trabalhos comuns da roça. Para os serviços caseiros e ofícios, preferem-se os 'crioulos', isto é, negros nascidos no Brasil. Os escravos das pequenas fazendas costumam ter tratamento melhor do que os das grandes; pois ali no trabalho comum, com a mesma alimentação e com o mesmo descanso, desaparece quase por completo qualquer diferença entre dono e escravo. Os escravos das fazendas frequentemente têm inveja da sorte daqueles que vivem nos 'campos' do interior. Como ali não se tem bastante confiança na coragem e agilidade dos escravos, que são requeridos para o trato da criação de cavalos e bois nessas regiões, pois esta é a principal ocupação dos habitantes, eles ficam encarregados dos trabalhos caseiros, bem como dos serviços mais comuns e simples que correm na fazenda."

RUGENDAS, Johann Moritz. Imagens e notas do Brasil. (p.251-252) **Revista do Patrimônio Histórico e Artístico Nacional**, Rio de Janeiro, n. 13, p. 17-84, 1956. Tradução de D. Clemente Maria da Silva Nigra O.S.B. Trecho citado: p. 39-40 (ou 251-252, segundo a numeração das páginas da publicação alemã original, indicada na margem esquerda das páginas do artigo).

"Que a escravidão nem sempre constitue pesado jugo no Brasil, pode-se inferir pelos muitos exemplos que já foram citados. Há um outro caso que fortemente demonstra o mesmo fato, na maneira de processar-se o próprio tráfico e a que não deu a atenção bastante nas discussões da questão. Um grande número dos marinheiros empregados nos navios negreiros são, eles próprios, escravos pretos, naturais da África, e embora indo tão frequentemente à sua terra, ali não abandonam seus navios. No Rio, não é raro que se mostrem descontentes e desertem; jamais, no entanto, ouvi falar que se desse coisa semelhante na Costa d'África, achando-me por isso propenso a ver nesse fato uma prova de que essa gente acha que a escravidão no Brasil é preferível à sua situação primitiva na África. Nem tão-pouco encontrei eu jamais um bom escravo, isto é, aquele cuja índole é dócil por natureza, cujas maneiras são sociais e domésticas e de hábitos industriosos, que, após ter sido trazido para cá, com menos de dezoito anos de idade, e tendo residido por dois ou três anos no país, sob os cuidados de uma pessoa boa, demonstrasse o desejo de regressar de novo. Soube do filho de um Príncipe nativo recusar voltar, ouvi muitos declararem que estariam perfeitamente felizes se pudessem ficar sempre com o mesmo dono; e os de minha própria família que reputei capazes de tratarem de sua vida por si sós, quando me vi na contingência de separar-me deles, recusaram voltar para a África, como também receberem sua alforria no Brasil. Duas meninas, especialmente, além disso recusaram ir para a Inglaterra, observando: 'Disseram-nos que a

Inglaterra é muito fria e nós não gostaremos de lá; e o que faremos nós da liberdade aqui? Temos tudo aquilo que podemos desejar, o senhor nos fornece roupas e comida e, se adoecemos, o senhor nos dá remédio e nos cura; mas se ficarmos libertas, ninguém cuidará de nós.' Copiei aqui suas exatas expressões. Já muitas vezes, anteriormente, tinham pedido que eu mandasse buscar a mãe delas e agora concluíram pedindo-me que lhes arranjasse colocação com ingleses."

LUCCOK, John. **Notas sobre o Rio de Janeiro e partes meridionais do Brasil**. São Paulo: Itatiaia, 1975. (p. 392)

Dando curso ao mito, lemos em Gilberto Freyre, e a propósito de um aspecto importante:

"Da energia africana ao seu serviço cedo aprenderam muitos dos grandes proprietários que, abusada ou esticada, rendia menos que bem conservada: daí passarem a explorar o escravo no objetivo do maior rendimento mas sem prejuízo da sua normalidade de eficiência. A eficiência estava no interesse de o senhor conservar o negro — seu capital, sua máquina de trabalho, alguma coisa de si mesmo: donde a alimentação farta e reparadora que Peckolt observou dispensarem os senhores aos escravos no Brasil. A alimentação do negro nos engenhos brasileiros podia ser nenhum primor de culinária; mas faltar nunca faltava. E sua abundância de milho, toucinho e feijão recomenda-a como regime apropriado ao duro esforço exigido do escravo agrícola.

O escravo negro no Brasil parece-nos ter sido, com todas as deficiências do seu regime alimentar, o elemento melhor nutrido em nossa sociedade patriarcal, e dele parece que numerosos descendentes conservaram bons hábitos alimentares, explicando-se em grande parte pelo fator dieta — repetimos — serem em geral de ascendência africana muitas das melhores expressões de vigor ou de beleza física em nosso país: as mulatas, as baianas, as crioulas, as quadraronas, as oitavonas; os cabras de engenho, os fuzileiros navais, os capoeiras, os capangas, os atletas, os estivadores no Recife e em Salvador, muitos dos jagunços dos sertões baianos e dos cangaceiros do Nordeste."

FREYRE, Gilberto. **Casa grande & senzala**: formação da família brasileira sob o regime da economia patriarcal. São Paulo: Global, 2003. (p. 107)

O mito do senhor bondoso teve, contudo, sempre, desde a Colônia, os seus descrentes. Embora sobreviva na concepção vulgar, poucos analistas, hoje, lhe dão créditos.

Sobre a inutilidade das leis que protegiam escravos:

"O primeiro ponto que ocorre àquele que está familiarizado com a cultura latino-americana é que as leis aí não têm a mesma importância que podem ter em outra parte ao indicar a prática real. As leis aí são concebidas como declarações de ideais. Com frequência, os latino-americanos condenam a tendência anglo-saxã a evitar a aprovação de uma lei simplesmente porque não pode ser imposta: 'não pode ser imposta mais ainda é justa', dizem eles. Segundo, visto que o escravo não pode apresentar queixa em seu próprio favor, todas as medidas para sua proteção tornam-se derrisão. Esta situação só se modificou quando um movimento abolicionista — desejoso de desacreditar a escravatura — se preocupou em expor as violações da lei. Terceiro, as proteções legais do escravo no Brasil foram mínimas e muito tardiamente sancionadas. Ainda não apareceu um exame abrangente da situação legal dos escravos e será cheio de dificuldade visto que os portugueses, com característico bom senso, nunca encontraram tempo para codificar as leis referentes aos escravos. Em vez disso, havia uma multidão de editos reais, decretos municipais, precedentes judiciais, decisões administrativas e regulamentações aplicáveis regionalmente, alguns deles eram aparentemente contraditórios e dos quais nunca se fez uma coleção sistemática. Além disso, a maior parte das disposições legais que habitualmente são citadas para demonstrar como o escravo era protegido aparentemente não se encontravam em livro algum até pouco tempo antes do fim da era escrava.

Se não fosse em razão dos mitos sobre a situação legal dos escravos no Brasil, não haveria necessidade de que os escritores de São Paulo insistissem tanto naquilo que é óbvio: o escravo não era um cidadão, e era-lhe negado o direito de carregar armas, de arrendar ou possuir propriedades, de vestir certas roupas, andar de bonde, ficar fora de casa à noite, reunir-se, e ter todas as pequenas liberdades que definem a vida de um homem livre. O mesmo crime seria punido mais asperamente no escravo do que nos outros. E os escravos fugitivos eram caçados impiedosamente."

GRAHAN, Richard. **Escravidão, reforma e imperialismo**. São Paulo: Perspectiva, 1979. (p. 32-33)

Sobre as condições físicas do trabalho escravo:

"No que se refere às condições físicas que cercavam a vida escrava, eram marcadas pela 'coerção, repressão e violência'. Os aposentos dos escravos eram virtualmente prisões nas quais os escravos eram simplesmente amontoados. Seu trabalho era o mais duro e degradante; os escravos eram usados como animais de carga. As horas de trabalho eram extremamente longas. Nas fazendas de café os escravos eram vestidos miseravelmente apesar do frio que periodicamente caracteriza as serranias durante os três meses de inverno. Habitualmente providenciava-se apenas uma muda de roupa por ano. A alimentação dos escravos era inadequada às suas necessidades, e alguns fazendeiros alimentavam-nos com feijão uma vez ao dia, e nada mais. Cardoso descreve graficamente o doloroso trabalho que se exigia dos escravos nas charqueadas do Sul do Brasil. É claro que as condições de vida dos escravos-artesãos, que os observadores estrangeiros geralmente viam e descreviam, podiam ser muito diferentes. Mas o trabalhador rural era explorado duramente.

Os castigos dos escravos incluíam troncos, coleiras de metal com longos ganchos ou correntes, o gato de nove rabos, instrumento de tortura que comprimia o polegar dos supliciados (*thumbscrew*), algemas, esfera e corrente, a máscara de estanho e a prisão. Às vezes, os açoites eram aplicados propositalmente durante vários dias consecutivos para abrir as feridas e deixar cicatrizes profundas. Os senhores marcaram com ferro seus escravos durante boa parte do século 19. A violência não teve fim. Em 1880, a imprensa relatou a morte de um escravo causada por açoites que expuseram os ossos da vítima e cortaram em pedaços seus órgãos genitais, enquanto se encontravam feridas anteriores nas pernas, cheias de varejeiras. No fim, a pressão abolicionista forçou o julgamento de alguns casos pelo tribunal, como por exemplo o caso de uma menina escrava horrivelmente queimada com gordura fervente que lhe fora atirada por sua senhora. E foi somente depois de 1870, mais ou menos, que o preço dos escravos subiu de tal forma que encorajou um tratamento mais humano no interesse da produtividade."

IDEM, ibidem, p. 33-34.

Sobre prostituição de mulheres escravas:

"Por muito enfadonha que fosse a vida das senhoras baianas, ainda assim, era, sob a maior parte dos aspectos, mais digna de inveja do que a de seus escravos. Algo ficou dito no capítulo I sobre o mau trato dado aos escravos, e mais será dito no próximo, porém algumas observações não ficam deslocadas aqui. Um despacho régio de 1 de março de 1700, denunciando a barbaridade com a qual muitos senhores e senhoras de escravos os tratavam, declarava que tais atrocidades se tinham iniciado nas plantações do interior, mas ultimamente se estavam espalhando para as cidades e vilas. A Coroa condenava particularmente a vergonhosa prática de viverem as senhoras dos ganhos imorais de suas escravas, que não só eram encorajadas, mas compelidas a entregar-se à prostituição. Tal prática mostrava-se censurável extensão do hábito mais comum pelo qual as mulheres escravas tinham permissão para trabalhar por sua própria conta como cozinheiras, costureiras, ou vendedoras ambulantes, contanto que pagassem aos seus donos uma quantia fixa sobre ganhos diários ou semanais. Da mesma maneira, escravos que não eram trabalhadores especializados podiam trabalhar como diaristas, com a condição de que pagassem a seus senhores uma proporção combinada de seus salários."

BOXER, C.R. **A idade de ouro do Brasil**. Tradução de Nair Lacerda. 2. ed. São Paulo: Nacional, 1969. (Coleção Brasiliana, n. 341) (p. 159)

O mais claro desmentido à bondade da nossa escravidão ainda é, no entanto, a de Nabuco: o limite da crueldade do senhor é a passividade do escravo.

"O pior da escravidão não é todavia os seus grandes abusos e cóleras, nem suas vinditas terríveis; não é mesmo a morte do escravo: é sim a pressão diária que ela exerce sobre este; a ansiedade de cada hora a respeito de si e dos seus; a dependência em que está da boa vontade do senhor; a espionagem e a traição que o cercam por toda a parte, e o fazem viver eternamente fechado numa prisão de Dionísio, cujas paredes repetem cada palavra, cada segredo que ele confia a outrem, ainda mais, cada pensamento que a sua expressão somente denuncia.

Diz-se que entre nós a escravidão é suave, e os senhores são bons. A verdade, porém, é que toda a escravidão é a mesma, e quanto à bondade dos senhores esta não passa da resignação dos escravos. Quem se desse ao trabalho de fazer uma estatística dos crimes ou de escravos ou contra escravos; quem pudesse abrir um inquérito sobre a escravidão e ouvir as queixas dos que a sofrem; veria que ela no

Brasil ainda hoje é tão dura, bárbara e cruel, como foi em qualquer outro país da América. Pela sua própria natureza a escravidão é tudo isso, e quando deixa de o ser, não é porque os senhores se tornem melhores, mas, sim, porque os escravos se resignaram completamente à anulação de toda a sua personalidade.

Enquanto existe, a escravidão tem em si todas as barbaridades possíveis. Ela só pode ser administrada com brandura relativa quando os escravos obedecem cegamente e sujeitam-se a tudo; a menor reflexão destes, porém, desperta em toda a sua ferocidade o monstro adormecido. É que a escravidão só pode existir pelo terror absoluto infundido na alma do homem.

Suponha-se que os duzentos escravos de uma fazenda não queiram trabalhar; que pode fazer um bom senhor para forçá-los a ir para o serviço? Castigos estritamente moderados talvez não dêem resultado: o tronco, a prisão, não preenchem o fim, que é o trabalho; reduzi-los pela fome, não é humano nem praticável; está assim o bom senhor colocado entre a alternativa de abandonar os seus escravos, e a de subjugá-los por um castigo exemplar infligido aos principais dentre eles.

O limite da crueldade do senhor está, pois na passividade do escravo. Desde que esta cessa, aparece aquela; e como a posição do proprietário de homens no meio do seu povo sublevado seria a mais perigosa, e, por causa da família, a mais aterradora possível, cada senhor, em todos os momentos da sua vida, vive exposto à contingência de ser bárbaro, e, para evitar maiores desgraças, coagido a ser severo. A escravidão não pode ser com efeito outra coisa. Encarreguem-se os homens mais moderados de administrar a intolerância religiosa e teremos novos autos de fé tão terríveis como os da Espanha. É a escravidão que é má, e obriga o senhor a sê-lo. Não se lhe pode mudar a natureza. O bom senhor de um mau escravo seria mais do que um acidente feliz; o que nós conhecemos é o bom senhor do escravo que renunciou à própria individualidade, e é um cadáver moral; mas, esse é bom porque trata bem, materialmente falando, o escravo — não por que procure levantar nele o homem aviltado nem ressuscitar a dignidade morta.

A escravidão é hoje no Brasil o que era em 1862 nos Estados do Sul da União, o que foi em Cuba e nas Antilhas, o que não pode deixar de ser, como a guerra não pode deixar de ser sanguinolenta: isto é, bárbara, e bárbara como a descreveu Charles Summer."

NABUCO, Joaquim. **O abolicionismo**. 4. ed. Petrópolis: Vozes, 1972. (p. 134-135)

Testemunhos mais antigos, dentre outros, são:

VILHENA, Luis dos Santos. **Recopilação de notícias soteropolitanas e brasílicas**. v. 2. Bahia: Imprensa official do estado, 1922. (7 v.)

BENCI S.J., Jorge. **Economia cristã dos senhores no governo dos escravos**. São Paulo: Grijalbo, 1977.

ANTONIL, André João. **Cultura e opulência do Brasil por suas drogas e minas**. Rio de Janeiro: Conselho Nacional de Geografia, 1963.

MAWE, John. **Viagens ao interior do Brasil**. Rio de Janeiro: Z. Valverde, 1944.

KOSTER, Henry. **Viagem pelo Nordeste do Brasil**. São Paulo: Nacional, 1942.

MALHEIRO, Perdigão. **A escravidão no Brasil**. 1ª. parte. Petrópolis: Vozes, 1976.

Dentre os trabalhos recentes:

> FREYRE, Gilberto. Deformações de corpo nos escravos fugidos. In: CARNEIRO, Edison. **Antologia do negro brasileiro**. Porto Alegre: Globo, 1950. (Em contradita, aliás, da sua própria idealização das relações senhor-escravo.)
>
> GORENDER, Jacob. **O escravismo colonial**. São Paulo: Ática, 1980. (Capítulo XXI: Escravismo na mineração)
>
> GOULART, José Alípio. **Da palmatória ao patíbulo**. São Paulo: Conquista, 1971. (Levantamento criterioso do que anuncia o subtítulo.)
>
> LIMA, Lana Lange da Gama. **Rebeldia negra & abolicionismo**. Rio de Janeiro: Achiamé, 1981. (Particularmente o capítulo I.)

A propósito da mestiçagem, concluiu um observador norte-americano:

"A chave para desvendar o mistério das diferenças no relacionamento racial entre o Brasil e os Estados Unidos é a 'saída de emergência' do mulato. Embora as relações raciais nos dois países tenham sido, e ainda sejam, hoje, complexas e variadas, o fato de haver um lugar separado para o mulato no Brasil e sua falta seja constatada nos Estados Unidos define muito bem o núcleo da diferença. Olhemos, por um momento, algumas formas pelas quais a 'saída de emergência' do mulato distingue os padrões raciais no Brasil e nos Estados Unidos.

A existência do mulato torna muito difícil, senão impossível, a espécie de padrão segregacional tão característico dos Estados Unidos. (...) A presença do mulato não apenas espalha as pessoas de cor na sociedade mas ela, literalmente, borra e, portanto, suaviza a linha entre o preto e o branco. Assim, procurar as origens do mulato como um tipo socialmente aceito no Brasil é estar na pista das origens de diferenças significativas no relacionamento racial do Brasil e dos Estados Unidos."

DEGLER, Carl N. **Nem preto nem branco: escravidão e relações raciais no Brasil e nos EUA.** Rio de Janeiro: Labor do Brasil, 1976. (p. 232-233)

Na análise de Degler, o mulato aparece como um tipo distinto do negro. Do ponto de vista da sua inserção na sociedade de classes, até onde é verdade isto? Sem base estatística sólida, mas com dogmatismo, lideranças dos movimentos negros têm afirmado que "mulato é negro para todos os efeitos", não passando a distinção entre eles de artifício de dominação racial. Em dois trabalhos, pelo menos, se confirma, empiricamente, este ponto de vista: *O preço da cor: diferenças raciais na distribuição da renda no Brasil*, em que Nelson do Valle Silva, trabalhando com dados de subamostragem do censo de 1960, demonstra ser desprezível a diferença de renda média de mulatos e negros (em comparação com a dos brancos); e *O lugar do negro na força de trabalho*, de Lúcia Helena G. de Oliveira e outras, que trabalhando informações da PNAD 1976 demonstra, entre outras coisas, a falácia da miscigenação como fator de abrandamento das nossas relações raciais. A propósito de um aspecto notório dessas relações, o casamento interracial, concluíram as pesquisadoras:

"A tendência da homogamia racial também se aplica aos negros mas de forma menos nítida, isto é, verificamos que na medida em que aumenta o nível de rendimento dos chefes negros (pretos e pardos) e o nível educacional há uma proporção expressiva destes que se casam com mulheres brancas — cerca de 36,9% de chefes (de família) negros que têm entre oito e dez anos de estudo e 43,2% dos que têm onze anos e mais.

É interessante mostrar que dos chefes (de família) brancos em igual situação apenas 8,7% e 4,8% respectivamente casam com mulheres negras.

Verificamos também que o tipo de união predominante do casamento racial homogâmico entre os brancos é o civil e religioso, sendo o tipo de união consensual aquele que apresenta um menor precentual de homogamia, 69,3% com 88,1% das uniões de brancos no civil e religiosos.

Parece-nos que estas informações permitem pôr de lado as considerações sobre o papel da miscigenação como fator de 'abrandamento' das relações raciais no Brasil e principalmente como fator de modificação da estratificação com base racial."

SILVA, Nelson do Valle. Preço da cor: diferenciais raciais na distribuição da renda no Brasil. **Pesquisa e Planejamento Econômico**, Rio de Janeiro, v. 10, n. 1, p. 21-44, abr. 1980.

OLIVEIRA, Lúcia Helena G. de; PORCARO, Rosa Maria; ARAÚJO Tereza Cristina N. **O lugar no negro na força de trabalho**. [s. l.]: [s. n.], 1980. (mimeo., p. 100-101)

Ler também: HASENBALG, Carlos A. **Discriminação e desigualdades raciais no Brasil**. Rio de Janeiro: Graal, 1979.

(6) Sobre esta espécie de pacto que garante o culto da nossa democracia racial, observou E. Franklin Frazier, o famoso sóciologo negro norte-americano:

"Há no Brasil pouca discussão a respeito da situação racial ou de cor. Parece haver um entendimento não expresso entre todos os elementos da população para não discutir a questão racial, pelo menos como fenômeno contemporâneo."

T.L. Smith observou o mesmo que Frazier, aduzindo que o referido credo não escrito tem dois princípios:

"1) Não deve ser admitido, em nenhuma circunstância, que existe discriminação racial no Brasil; e 2) qualquer expressão que possa surgir de uma discriminação racial deve ser atacada como não brasileira."

Citados por DEGLER, Carl N. **Nem preto nem branco: escravidão e relações raciais no Brasil e nos EUA**. Rio de Janeiro: Labor do Brasil, 1976. (p. 107-108.)

Sobre a peculiar maneira brasileira de mascarar a contínua reprodução das desigualdades raciais, pela negação do preconceito e da discriminação, mesmo diante de incidentes raciais, observou C. Hasenbalg:

"Na veiculação que a imprensa faz desses incidentes, o número de desmentidos por parte das pessoas ou instituições acusadas de discriminação racial é tão frequente quanto o registro de atitudes de desaprovação e indignação por parte de autoridades públicas, políticos, assistentes ocasionais e população local. Pelo menos em três oportunidades, entre os casos levantados, o Presidente da República manifestou interesse pessoal, solicitando a apuração dos fatos através do Ministério da Justiça (n°s. 27, 35 e 46). Outros casos adquirem ressonância na Câmara dos Deputados, Assembleia Legislativa e Câmara dos Vereadores.

Declarações típicas a respeito de ocorrências de discriminação racial são as seguintes:

— '…ele (o incidente) criou uma boa oportunidade para lembrar que a discriminação racial é anticonstitucional.'

— 'É inadmissível que isso ocorra num país democrático.'

— '...aquilo era uma monstruosidade, ... ainda mais em um país conforme o nosso, em que o povo não aceita de maneira alguma a discriminação racial.'

— '...esse acontecimento é de caráter de excepcionalidade total e deve ser encarado como tal. Inclusive porque a Bahia é um dos lugares onde há mais flagrante democracia racial, em que o caldeamento de raças é quase completo.'

— '...não podemos admitir, numa sociedade como a nossa, a discriminação racial e faço votos de que a Justiça determine as sanções cabíveis.'

Sem desmerecer a justa indignação e boas intenções implícitas, não é necessário chegar a uma interpretação conspiratória para atribuir a tais manifestações ritualísticas a função de reafirmar os mitos raciais dominantes. A caracterização de ações discriminatórias como algo tanto inaceitável quando excepcional, restitui a imagem da harmonia racial — e consequentemente social —, dissimulando uma área potencial de conflito e ocultando a contínua reprodução de desigualdades raciais. Seguindo esta linha de raciocínio resulta mais fácil entender o descompasso acentuado entre a severidade das sanções simbólicas e a punição efetiva dos infratores da lei."

HASENBALG, Carlos A. **Alguns aspectos das relações raciais no Brasil**. Niterói: Universidade Federal Fluminense, 19--. (Trabalho apresentado na 3ª. Semana de estudos sobre a contribuição do negro na formação social brasileira. Mimeo., p. 7.)

(7) Roger Bastide, que examinou a imprensa negra paulista do começo até quase metade do século 20, anotou esta superestima da instrução e da "boa conduta", vizinha do puritanismo, que marcou a origem do movimento:

"Daí a importância (nesta imprensa) dos artigos históricos e das biografias dos grandes homens. Daí também a existência, nesta imprensa, de uma seção literária, que não tem por fim distrair o leitor, mas sim mostrar-lhe, por meio de poemas e contos, a inteligência do negro brasileiro. Daí, enfim, a abundância dessas crônicas sobre a atividade de diversas associações de gente de cor, desde as associações de simples divertimento até os clubes atléticos, crônicas capazes de fazer nascer no espírito do leitor um clima de otimismo para as possibilidades futuras da raça. Assim, a ligação entre os artigos de ordem cultural e a luta contra o complexo de inferioridade é inegável. O próprio texto dos artigos não deixa nenhuma dúvida a respeito. Não se trata de ciência, trata-se de um trabalho de educação: Há três séculos e meio fomos arrancados do *habitat* africano e transportados para o Brasil. (...) E por que ainda não atingimos o lugar que nos compete? É porque nos falta a confiança em nossas forças. (...)

Daí, primeiramente, a condenação do alcoolismo, que transforma o homem em animal e que é considerado, sob a forma de bebedeira, como distintivo da classe baixa. E depois o apelo tão frequente à maior dignidade nas relações entre o homem e a mulher. Se os brancos têm uma opinião tão desfavorável da moça de cor, a culpa é em grande parte dos bailes negros, que são lugares de perdição.(...) Em toda parte em que o branco possa encontrar pessoas de cor, é preciso que esta última seja um modelo de virtude, em particular nesses *footings*, como o da rua

Direita: É preciso acabar com os ajuntamentos de *donjuáns* sem escrúpulos, de rodinhas de incomportados.(...) A terceira condenação é a da preguiça, da vagabundagem e da mendicidade, que coloca o preto em situação de inferioridade em relação ao branco que lhe faz a caridade; a raça só se elevará pelo amor ao trabalho."

BASTIDE, Roger. **Estudos afro-brasileiros**. São Paulo: Perspectiva, 1973. (p. 146-152)

(8) Sobre o caráter parafascista da Frente Negra Brasileira, eis o depoimento de um fundador do jornal *Clarim da Alvorada*, Correia Leite, excluído, porém, à última hora, da fundação da Frente:

"Muita gente acredita que o *Clarim da Alvorada* tenha sido o primeiro jornal negro que apareceu no país. O que não é verdade. Nosso jornal apareceu no ano de 1924, com o nome de *O Clarim*. Antes de 20 eu me lembro de uma série de jornais de negros: o *Xauter*, *O Bandeirante*, *O Alfinete*. *Liberdade* e o *Getulino*, um jornal negro de Campinas. Para nós a fundação do jornal veio quando entendemos o significado da Abolição e a marginalização a que o negro ficou submetido depois que ela veio. A ideia inicial do jornal foi do Jaime Aguiar, que era um intelectual negro da época e que tinha uma grande preocupação com a cultura e o desenvolvimento dela entre os negros. Eu, que logo aderi, nunca tive nenhuma instrução, aprendi a ler e a escrever por mim mesmo. Tive uma vida bem mais sofrida que a do Jaime, que tinha sido criado pelos Paula Souza, que foram diretores da Escola Politécnica.

Eu era mais próximo à maioria do pessoal que veio compor nosso grupo. Todos nós éramos gente saída das associações recreativas de negros existentes na época. Todos os jornais da época, ou anteriores ao *Clarim da Alvorada*, eram órgãos culturais e recreativos. Essa também foi a intenção inicial do Jaime Aguiar ao fundar o nosso jornal. Mas o mérito nosso foi o de criar um organismo de imprensa que refletia sobre a causa do negro brasileiro e a sua necessidade de organização. E além disso, mostrar ao nosso irmão que não era nenhuma vergonha ser chamado de negro, preto ou homem de cor. (...)

A partir de 1930, o negro brasileiro começou a sentir uma necessidade de participar, a situação de miséria piorava dia a dia. A Revolução de 30 deu a ele perspectivas de melhoria na sua situação. Nos meios da coletividade sentia-se que o grau de consciência e a efervescência política aumentavam.

Nessa época que surgiu um grupo de intelectuais, advogados, professores e funcionários do governo de origem negra que tencionaram criar um grupo político que unificasse todo o movimento negro da época.

Faziam parte desse pessoal o Arlindo Veiga dos Santos e o Guaraná Santana, que eram advogados, o Jaime Aguiar, que saíra do nosso jornal em 1927, o Vicente Ferreira.

Tanto fizeram essa gente que em 1931 foi criada a Frente Negra Brasileira. A palavra frente estava muito em moda na época, era frente disso e frente daquilo e todos esses senhores doutores resolveram que o movimento dos negros também seria uma frente que se "esqueceram" da gente, a redação do *Clarim da Alvorada*, e disseram que nós não poderíamos participar, porque nossas ideias não eram as mesmas que as da frente. Eu, que no começo tinha sido nomeado conselheiro da FNB, fui destituído do cargo, porque dissentia dos objetivos da mesma. Tanto é assim que na reunião feita em 1931, na primeira sede da FNB no Palacete Santa Helena, fomos proibidos de entrar na reunião que decidia os estatutos da organização.

Isso será lógico. O Arlindo Veiga dos Santos tinha ideias monarquistas e tentou criar o 'movimento patrianovista', de inspiração em Mussolini, com 'Conselho dos 40' e tudo mais, com 'a finalidade de dar um novo enfoque à luta negra no Brasil'. Só que essa nova posição coincidia com o fascismo, um movimento político nitidamente racista. O Guaraná Santana, que era um mulato casado com uma alemã, teve uma posição semelhante à do Veiga dos Santos, foi mais além, pois era admirador de Hitler, chegando a fundar o Partido Nacional Socialista no Brasil, que seguia as ideias do nazismo alemão. Esse movimento e o seu partido não se difundiu devido em parte ao racismo que foi assumindo o nazismo na Alemanha. No começo ele teve adeptos entre os negros doutores. Depois da reunião dos estatutos, muita gente abandonou a FNB e formaram-se diversos grupos que tentavam opor-se ao pessoal da FNB em São Paulo.

Uma palavra de ordem que era muito comum entre os membros da FNB é a de que: "o movimento somente iria para a frente quando acontecesse uma morte." Tudo isso aos gritos de Anauê! Então, o alvo inicial escolhido: os eternos oposicionistas da redação do *Clarim da Alvorada*. Já que não havia nenhuma censura política na época, nós começamos a publicar artigos cada vez mais violentos contra o fascismo que imperava na FNB e logicamente o

Veiga dos Santos e o Guaraná Santana tentavam de todas as formas isolar-nos. A primeira medida radical foi empastelar nossa redação. Numa noite de 1931, eles entraram na redação com um grupo de gente armada de paus e facas e começaram a depredar tudo. Acontece que a redação ficava na minha casa, então o que eles destruíam era a minha casa. Como era gente muito rude, eles nem ideia tinham do que era uma tipografia — nessa época nós já tínhamos uma pequena tipografia na redação e algumas máquinas de escrever que estavam nos fundos da minha casa num quartinho — deixaram toda a redação e a gráfica intactas.

Aqui a gente deve tomar um cuidado, porque ninguém deve acreditar que os enfrentamentos com a FNB que nós tivemos foram pequenos. Pode-se dizer que depois da Revolução de 30 foi o primeiro choque direto entre esquerda e direita no país. E esse choque acontecia dentro do movimento negro."

VEIGA, Rui. A alvorada de uma luta. **Folhetim**, Folha de São Paulo, n. 69, p. 9, 14 maio 1978. (Entrevista com José Correia Leite.)

(9) O mais recente e completo trabalho sobre instituições negras é de Paulo Roberto dos Santos. Ele classifica provisoriamente assim as **INSTITUIÇÕES AFRO-BRASILEIRAS**:

"**RELIGIOSAS** — Aquelas que se agrupam em torno de uma semiótica do sagrado: Irmandades do Rosário e São Benedito dos Homens Pretos; comunidades-terreiro: candomblé, umbanda, xangô, etc.

RECREATIVAS — Ocupam-se, como espaço, das manifestações lúdicas e do jogo de interações sociais: clubes recreativos, escolas de samba, blocos afro, afoxés, gafieiras, equipes de som (funk, soul, etc.).

CULTURAIS — Objetivam sistematizar e preservar valores alinhados às raízes negro-africanas e afro-brasileiras: Teatro Experimental do Negro, Vissungo, ACACAB, etc.

POLÍTICAS — Atuam no sentido da formação de consciência política e racial: Frente Negra Brasileira, M.N.U., M.O.A.N., I.P.C.N., G.U.C.N., etc."

> SANTOS, Paulo Roberto dos. **Instituições afro-brasileiras**: a prática de uma contemporaneidade. Rio de Janeiro: Centro de Estudos Afro-Asiáticos, 1984. (Mimeo.)

Comporiam o movimento negro, segundo o autor, apenas as instituições políticas e culturais (cobrindo 21 dos 23 estados brasileiros), com a resalva de que as *religiosas* e *recreativas* sempre possuíram, mesmo assim, caráter de resistência, comprovando a tendência associativista do negro. Sobre esta tendência a se juntar e organizar, ler, também, entre outros:

> PINTO, L. A. da Costa. **O negro no Rio de Janeiro**. São Paulo: Nacional, 1953.
>
> RAMOS, Arthur. O espírito associativo do negro. **Revista do Arquivo Municipal de São Paulo**, ano 4, v. 47, 1938.

Sobre o significado das instituições religiosas e recreativas do negro (a que chama *grupos específicos*):

"Numa sociedade em que os elementos detentores do poder se julgam brancos e defendem um processo de branqueamento progressivo e ilusório, o negro somente poderá sobreviver sem se marginalizar totalmente, agrupando-se como fez durante o tempo em que existiu a escravidão, para defender a sua condição humana. Em uma sociedade de modelo capitalista, como a brasileira, quando o processo de peneiramento social está se agravando por uma competição cada vez mais intensa, os grupos organizacionais negros que existem procuram os seus valores e insistem em manter o seu ritual religioso afro-brasileiro, a sua indumentária, os mores e valores das culturas africanas para se defenderem e resguardarem do sistema compressor que tenta colocá-los nos seus últimos estratos, como já aconteceu em outras sociedades que possuem o modelo capitalista muito mais desenvolvido do que o nosso.

Este é o papel contraditório, mas funcionalmente relevante das associações e grupos negros específicos que foram organizados ou continuam a existir no Brasil.

É com esta visão metodológica que iremos desenvolver o esquema a que nos propusemos. Os candomblés, terreiros de macumba, confrarias, associações recreativas e culturais negras, finalmente, todo o conjunto de grupos e entidades organizacionais negras — dentro de um gradiente de conscientização que somente poderá ser estabelecido depois do estudo pormenorizado de cada um — são grupos específicos numa sociedade de classes, no caso brasileiro dentro de uma sociedade de modelo capitalista.

O negro somente se organiza em grupos separados dos brancos (embora deva dizer-se que não há propriamente entidades negras fechadas no Brasil, pois a elas aderem vastos setores de mestiços e de outras populações proletarizadas pelo processo de peneiramento atuante) em razão da não existência de uma barragem institucionalizada (o que seria a segregação) mas da permanência de um comportamento convencional restritivo e seletivo que vê no negro a simbolização daquilo que é o polo negativo dos valores brancos e do sistema capitalista. Estas diversas linhas não institucionalizadas de barragem, muitas vezes acentuadas, outras vezes tenuemente demonstradas e somente entrevistas por aqueles que a sentem, é que levam o negro a manter, de qualquer forma, suas matrizes organizacionais a fim de não se marginalizar totalmente ou entrar em estado de anomia. (...)

Do ponto de vista das classes dominantes (tradição que vem desde o tempo do Conde dos Arcos), o negro, ao se organizar isoladamente, deixa de ameaçá-las, deixa de tentar procurar penetrar no seu mundo social, político ou cultural, que deve permanecer branco. Mas o processo dialético em curso leva a que, em determinado momento, as contradições emergentes da própria essência da sociedade competitiva levem o negro, através dos seus grupos específicos, a procurar abrir o leque de participação do processo de interação global, forçando diversos níveis de atividade. Isto porque, para o negro, organizar-se significa ter ou tentar a possibilidade de também penetrar, através dos seus valores, especialmente estéticos e religiosos, no mundo do branco. Daí desenvolver as diversas formas de preservação das religiões afro-brasileiras, ou formas artísticas tidas como sendo do negro, como o samba, a fim de encontrar, através delas, um nível de participação capaz de igualá-lo (nos quadros da própria sociedade de modelo capitalista da qual participa) às camadas que o oprimem e dificultam a sua ascensão social.

Há, portanto, um momento em que essa contradição produz uma ruptura. Quando os grupos específicos negros procuram influir no processo de anular os sistemas de barragem que lhes são impostos, os elementos dos estratos superiores, e muitas vezes as estruturas de poder, passam a ver esses grupos como fatores negativos no processo de interação social, chegando, muitas vezes, numa transferência da sua própria ideologia para os grupos negros, a afirmar que eles é que são racistas. Como os negros não têm acesso às fontes de comunicação, a fim de expor por que se organizaram, muitos setores que desconhecem ou conhecem de modo insatisfatório o problema, chegam a aceitar o argumento."

MOURA, Clóvis. **O negro: de bom escravo a mau cidadão?** Rio de Janeiro: Conquista, 1980. (p. 168-197)

(10) O tema raça e classe na estrutura social brasileira apresenta vasta bibliografia. É comum separá-la em dois grupos: de um lado o conjunto de estudos, frequentemente impressionistas, que perfilam a tese da *democracia racial*, encabeçado por Gilberto Freyre. De outro, os trabalhos empíricos, em livros e em revistas especializadas, direta ou indiretamente inspirados pela "escola paulista", Florestan Fernandes e Octavio Ianni à frente, e que, manipulando dados de censos demográficos sobre raça e força de trabalho, postos em seus devidos contextos históricos, concluíram pela desigualdade social entre brancos e negros.

Lúcia Helena G. de Oliveira e outras, num trabalho destinado a mostrar precisamente o peso da *raça* na força de trabalho, aponta o que, na obra dos sociólogos paulistas, era simples prognóstico, otimista e infundado, sobre o futuro de nossas relações de raça, a saber: o desenvolvimento capitalista do país embutiria na classe todas as demais formas de interação. É curioso notar como por esta via se chega à mesma expectativa impressionista dos convictos na democracia:

"Um dos elementos chaves característicos do sistema econômico-social engendrado pela industrialização seria o racionalismo.
Para Florestan Fernandes este seria o elemento que iria desagregar a ordem racial. Para Ianni, a racionalidade estaria operando na elaboração do preconceito do ponto de vista do sistema econômico. Alguns estudos realizados sobre industrialização e relações étnicas não corroboram a hipótese de F. Fernandes de que a identidade étnica desapareça ou perca significado como fator estruturador de relações sociais. O modelo de sociedade industrial a que se refere F. Fernandes teria os seguintes requisitos estruturais: a) uma perspectiva racionalista e secular; b) a predominância de relações contratuais sobre relações de status; c) mercados impessoais; d) mobilidade física e social de seus componentes. (...)
Os exemplos históricos da sociedade americana e da África do Sul constituem um forte argumento contra o de F. Fernandes, como o demonstra de maneira indiscutível o trabalho do professor Blumer. Este salienta com uma certa afinidade com Ianni que, na verdade, certos requisitos como o da racionalidade podem indicar uma adesão maior ao sistema de dominação racial e não a sua desagregação.
Em trabalho mais recente Florestan Fernandes afirma que vinte e cinco anos depois (dos projetos de pesquisa sobre o negro coordenados por ele e Bastide) a desigualdade racial continua um fato inquestionável.

Afirma o autor que a 'evolução mais plausível do capitalismo manterá o paralelismo de "raça e classe" como sucedeu na sociedade estamental e de castas sobre a Colônia e o Império. Mantido semelhante paralelismo, qualquer padrão de relação racial igualitária e todo ordenamento de raça e classe em bases democráticas serão simplesmente inviáveis... Que maior massa de negros se integrará nas classes existentes. Mas isso não romperá com as contradições raciais herdadas do passado e incorporadas ao regime de classes' (...)

Vemos de modo ideal neste pequeno texto a maneira pela qual o autor pensa a relação entre raça e classe. F. Fernandes fala em paralelismo quando o necessário é realmente perceber quais as suas articulações possíveis num dado momento histórico.

Mais adiante o autor de certa forma deixa de lado esta concepção do paralelismo entre raça e classe quando utiliza a categoria emprego como elemento mediador entre as duas dimensões de estratificação.

Com o emprego o negro pode conquistar mais facilmente a base para a participação institucional de que esteve quase completamente excluído e pode montar novos projetos de vida' (...) e continua: 'Se ainda prevalece a condição de marginal, os jovens sem trabalho e sem perspectiva, a mãe solteira, o menor abandonado, a desorganização familiar e a miséria, o quadro global é menos tenebroso e apresenta aspectos compensadores onde o trabalho, o emprego, a classificação ocupacional e a mobilidade profissional incorporam o negro à classe operária ou a alguns setores das classes médias' (...)

Resumindo a postura de Ianni e F. Fernandes, diríamos que Ianni vê o conflito de classe como assumindo uma 'falsa aparência' de conflito racial e para Fernandes o conflito racial se transformará em conflito de classe, deixando de ser a raça uma dimensão de maior importância.

Creio que podemos afirmar que o pensamento social brasileiro, exemplificado aqui por Otávio Ianni e Florestan Fernandes, não esgotou o estudo das relações possíveis entre raça e classe no contexto das relações raciais no Brasil".

OLIVEIRA, Lúcia Helena G. de; PORCARO, Rosa Maria; ARAÚJO Tereza Cristina N. **O lugar no negro na força de trabalho**. [s. l.]: [s. n.], 1980. (mimeo., p. 10-12)

A mais completa contradita, em livro, à hipótese *modernização = promoção do negro*, bem como ao seu corolário *discriminação = sobrevivência da escravidão*, é de HASENBALG, Carlos A. **Discriminação e desigualdades raciais no Brasil**. Rio de Janeiro: Graal, 1979.

Sobre mobilidade do negro no setor multinacional da economia, ler o cuidadoso *Aspects of Afro-Brazilian Career Mobility of the Corporate World*, de FONTAINE, Pierre-Michel, comunicação ao Simpósio "The Popular Dimensions of Brazil", Universidade da Califórnia, Los Angeles, fevereiro, 1979.

Em artigo, pode-se ler, entre outros, o de Eduardo Suplicy (que prefere, no entanto, explicar as referidas desigualdades como sequelas da escravidão):

"De acordo com o Censo de 1980, dos 119 milhões de brasileiros, 54,77% são brancos; 38,45% pardos; 5,89% pretos e 0,63% amarelos. Podemos assim afirmar que são descendentes de negros ou de índios, inclusive, os mestiços de brancos, negros, índios e amarelos, 44,34% da população. Essa proporção aumentou nas últimas décadas, pois era de 35,8%, em 1940; 41,0%, em 1950; e 38,2%, em 1960. Entre 102.421.730 brasileiros de 5 anos ou mais há 35% sem ou com menos de l ano de instrução. Entre os 56.583.471 de cor branca essa proporção é de 48%, portanto muito superior.

O Censo de 1980 revelou que 3,16%, ou 3.240.577 dentre as pessoas de 5 anos ou mais tinham nível superior ou 12 anos ou mais de instrução. Dentre a população de cor branca, 4,9%; dentre a de cor parda, 0,9%; dentre a de cor preta, 0,5% e, dentre a de cor amarela, 12%. Ainda hoje podemos notar que a proporção de jovens de cor que ingressam nas escolas de nível superior é muito menor do que a sua proporção na população brasileira. Enquanto entre brancos e amarelos o número de pessoas com 9 a 11 anos de estudo não chega a ser 2 vezes maior do que os que obtiveram instrução superior, entre os de ascendência negra e indígena as pessoas com 9 a 11 anos de estudo superam em mais de 4 vezes os que obtiveram instrução superior.

O grau de instrução está longe de ser razão única, mas não há dúvida de que influencia o nível de rendimento, bem como a forma de ocupação das pessoas. O Censo de 1980 registrou 43.796.763 pessoas economicamente ativas de 10 anos ou mais, das quais 65,2% empregados, 24,3% autônomos, 2,6% empregadores e 5,1% não remunerados. Enquanto entre a população de cor branca a proporção de empregadores é de 3,7%, e entre a população amarela é de 11,1%, entre a população de cor parda e a de cor preta os empregadores constituem apenas 1% e 0,4%, respectivamente.

Dentre a população economicamente ativa (PEA), 55,9% ou 24.507.289 são de cor branca; 36,5% ou 15.993.177 de cor parda; 6,5% ou 2.874.208 de cor preta; e 0,74% ou 324.280 de cor amarela. A proporção de pessoas com rendimentos até um salário mínimo, segundo o Censo de 1980, é de 33% entre toda a PEA; 24,1% entre as pessoas de cor branca; 44,7% entre as de cor parda; 46,9% entre as de cor preta e 10,0% entre as de cor amarela. Assim, a proporção de pessoas com rendimento igual ou inferior ao mínimo é quase duas vezes maior para os de ascendência negra ou indígena do que para os brancos.

Do outro lado do espectro de rendimentos, a proporção de pessoas com renda mensal superior a 10 salários mínimos, segundo o Censo de 1980, é de 3,72% entre toda a PEA; 5,7% entre as de cor branca; 1,0% entre as de cor parda; 0,33% entre as de cor preta; e de 16,7% entre as de cor amarela.

Em termos globais a situação de 1980 é um pouco melhor do que a registrada pela Pesquisa Nacional por Amostra de Domicílios de 1976, analisada recentemente pelo Instituto Brasileiro de Análises Sociais e Econômicas, IBASE (Dados da Realidade Brasileira, Indicadores Sociais, IBASE, Ed. Vozes, 1982). Em 1976, 47% da PEA possuía rendimento igual ou inferior ao mínimo (sendo que 13% não possuía qualquer rendimento; 5,7% em 1980); 60% dos trabalhadores negros ou indígenas tinham rendimento igual ou inferior ao mínimo (63% para os pretos e 58% para os pardos), enquanto para os brancos esta proporção era de 38%.

Cabe assinalar que a menor proporção de pessoas ganhando até um salário mínimo se deve principalmente ao fato de que este cresceu menos do que o valor da produção por trabalhador ao longo dos anos. De 1976 a 1980, o produto real per capita no Brasil aumentou 23,4%. Em dezembro de 1980, segundo o DIEESE, o poder aquisitivo do salário mínimo nas regiões Sul e Sudeste era 15,8 superior ao registrado em dezembro de 1976.

Interessante é observar que os dados referentes à população de cor amarela mostram uma distribuição bem menos desigual no que diz respeito ao grau de instrução e ao nível de rendimentos. Entre as pessoas de cor amarela também encontramos a maior população de pessoas trabalhando por conta própria, autônomos, e a menor proporção de empregados. A maior parte das pessoas de cor amarela, de origem asiática, descende de migrantes japoneses. Ora, sabemos que no Japão, especialmente a partir de 1870, com a Revolução Meiji, houve um enorme esforço educacional que foi importante para arrancar aquele país do subdesenvolvimento. Era de se esperar, portanto, que os seus descendentes se encontrassem em relativa vantagem com respeito à ponderável parcela da população à qual foram negadas por muito tempo as condições de acesso até mesmo à educação primária. (...)

No que diz respeito às diferenças entre os sexos, o que chama a atenção em primeiro lugar é que a proporção de pessoas sem rendimento é muito maior entre os 44,7 milhões de mulheres, 67,1%, do que entre os 43,5 milhões de homens, 24,7%, de 10 anos ou mais na população brasileira em 1980. Observe-se que enquanto entre os homens as pessoas sem rendimento são principalmente as que estão frequentando escola, aposentados ou inválidos para o trabalho, já entre as mulheres há um enorme contingente de pessoas que trabalham duramente em afazeres domésticos e tomando conta de crianças sem receber qualquer remuneração.

Entre o total de homens de 10 anos ou mais, os que não recebem rendimento mais os que recebem apenas até um salário mínimo correspondem a 8,9%, enquanto entre mulheres essa proporção é de 84,4%. Enquanto entre as mulheres brancas a proporção é de 80,2%, entre as mulheres de cor parda e de cor preta é de 90,4% e de 87,4%, respectivamente.

Do outro lado do espectro, entre as pessoas de 10 anos ou mais, enquanto 816.860 homens ganham mais de 10 salários mínimos, representando 4,1% do total de homens, apenas 227.280 mulheres, 0,5% de seu total, percebem esse valor. Já entre os homens de cor branca, 6,5% ganham mais de 10 salários mínimos; entre os de cor amarela, 17,2%; entre os de cor parda, 1,1%; e entre os de cor preta, 0,4%. Para as mulheres de 10 anos ou mais, ganha mais de 10 salários mínimos apenas 0,8% das de cor branca, 1% das de cor amarela, 0,09% das de cor parda e 0,03% das de cor preta.

Segundo o Censo de 1980, em todo o Brasil ganham mais de 20 salários mínimos 618.313 homens e 41.127 mulheres, portanto 12 vezes mais homens que mulheres. Entre as mulheres que ganham mais de 20 salários mínimos, ha apenas 1.301 de cor parda e 41 de cor preta, ou seja, somente 1.342 mulheres de ascendência negra ou indígena."

SUPLICY, Eduardo Matarazzo. A desigualdade social, racial e sexual. **Revista de Economia Política**, São Paulo, v. 2, n. 4(8), p. 130-136, out./dez. 1982.

(11) Foi o *black soul* brasileiro talvez o mais controvertido fenômeno da problemática negra recente. Sobre a sua voga na Liberdade — espécie de "Harlem baiano" — e seu papel como estimulador da negritude baiana (de que emergirão, logo adiante, os afoxés e blocos afro):

> "Sexta-feira à noite, ali na Avenida Meireles, imediações do Colégio Duque de Caxias, jovens suingados, coloridos, desfilam roupas e risos, enquanto as discotecas vão girando, a todo volume, as últimas novidades musicais, especialmente James Brown, o ídolo incendiário dos bailes de sábado, *saturday night fever* pré-travolteante, antes que as discotecas se espalhassem por toda a cidade, ganhando, inclusive, os bairros grã-finos. Ainda segundo Jorge (agora já em companhia de Cremilda Cafuné), os jovens blacks da Liberdade formavam uma comunidade caracterizável em termos de 'saúde e dinamismo', evidenciando já as primeiras preocupações culturais, indícios de uma consciência da 'negritude', procurada até mesmo fisicamente, nas roupas, nas posturas, na gestualidade."

RISÉRIO, Antônio. **Carnaval ijexá**. Salvador: Corrupio, 1981. (p. 26-27)

Informações e opiniões sobre o *black soul* se encontram dispersas em jornais e revistas. Dentre outros: VEJA, 24 nov. 1976; ÚLTIMA HORA, 1 out. 1977; JORNAL DA MÚSICA, n. 33, ago. 1977.

Sobre a amplitude e organização do Black Rio:

"Semanalmente em pelo menos três dias da semana,os holofotes iluminam a feérica ribalta de mais de 50 clubes na Região Metropolitana do Rio de Janeiro, e de outras dezenas, centenas de agremiações espalhadas pelo país afora. No palco, pode estar o robusto Gerson King Combo, estrela maior, ou um humilde grupo de rapazes manipulando seus toca-discos, amplificadores e caixas de som — o que importa é o rebanho de jovens negros, na pista, no balanço do soul. (...)

Enquanto concentração de negros e mulatos nordestinos em clubes das zonas periféricas, os bailes foram fertilizados há cerca de cinco ou sete anos, como subproduto dos trepidantes bailes da pesada dos discotecários Ademir e Big Boy. Em termos de movimento teoricamente organizado, o Black Rio já é uma cruzada de versões, contradições. Para o engenheiro civil Asfilófio de Oliveira Filho, o 'Dom Filó', líder da equipe Soul Grand Prix, o começo de tudo foi há quatro anos, no Clube Renascença (localizado no Bairro do Andaraí, Zona Norte). Ali, segundo ele, surgiu a ideia de se ter um local próprio para o divertimento do negro, com a organização de bailes semanais, a preços populares. A primeira atração foi a encenação de *Orfeu Negro*, de Vinicius de Moraes; as demais se enquadravam no mesmo objetivo: reunir negros e, com eles, fazer um trabalho cultural. O esquema naufragou.

O grupo de Filó insistiria na mesma tecla — 'enquanto que na Zona Sul, o pessoal curtia Beatles e o rock, que você dança ou ouve, nós não tínhamos nada que fosse próprio de uma cultura negra'. O novo esquema, cuja porta-estandarte era o soul, ao invés do samba, passou por um banho de aparente sofisticação: foram formadas equipes para cuidar da coreografia, iluminação e programação visual. No palco, os cantores (Tony Tornado, Gerson Combo) ou as eternas fitas gravadas, com soul music, evidente. O negócio deu certo e a proliferação por clubes, boates e quadras de escolas de samba foi imediata. (...)

A estrutura comercial e industrial do Black Rio já não parece ter mistérios. A matéria-prima é o baile onde se apresentam as equipes de som. Contratadas por não mais de CR$ 15 mil por noite, as equipes proporcionam um lucro médio, nos bailes bem divulgados ou tradicionais em determinada zona, de CR$ 30 mil aos donos dos clubes. Mas a plataforma financeira de algumas equipes não se limita aos clubes: com o prestígio junto ao mercado em potencial criado pelo Black Rio, atraíram o interesse das gravadoras e conseguiram chegar às lojas.

Este comboio do sucesso, obtido exclusivamente em função do boom mercadológico do movimento black, não tem, certamente, vocação para descarrilar. Assim tem se mantido coeso, há mais de dois anos, quando a equipe Soul Prix, a mãe espiritual das demais, foi contratada pela gravadora Top Tape. Era o início da conquista dos grupos de soul pela indústria fonográfica internacional.

Os números são oscilantes: a revista *Veja* calculou em 300, o jornal *Última Hora*, em 30. De qualquer forma, muitas equipes já fazem parte da rotina de fim de semana de jovens negros ou mulatos que frequentam os bailes black. Pode ser A Cova, a Ademir Disco Show, a Black Power, a Black Flower, a Black Soul. Ou ainda a Cash Box, a Crazy Soul, a Equipe Modelo, a Five Sound Group, a Soul Machine, ou mesmo a Soul Power. O que vale é reunir de cinco a dez pessoas que entendam um pouco de música (de preferência, é claro, o soul music), ter uma aparelhagem sonora possante e bons contatos".

Eis algumas críticas ao movimento:

"O império do soul como suporte musical, seria compreensivamente repelido pelos críticos e por sambistas tradicionais. O brado não tardaria. 'Estão ameaçando a música popular brasileira com o soul (letras em inglês)' — e a palavra de ordem foi descoberta: alienação.

No bojo de uma possível alienação cultural promovida pelo Black Rio, estariam não só as matrizes do soul internacional, mas também todo o aparato black: roupas exóticas, cabelos afro e até hábitos desconcertantes. Alega-se, assim, a tomada do mercado musical por poderosas forças de corrupção, a serviço, segundo esta corrente de pensamento, da desestabilização da cultura negra brasileira. Um dos mais inflexíveis adversários do Black Rio é o crítico Roberto Moura, de *O Pasquim*. Num longo artigo publicado pelo semanário, Moura denunciava a tentativa de monopolizar o consumo de discos com o soul, através de um processo de lançamento cujos principais dados são esses: o baixo custo da produção, a descoberta de um mercado dirigido, o uso sistematizado do discotecário como média (mais barato, segundo ele, para as fábricas e para o clube que dá o baile).

Para Roberto Moura, a conclusão, diante de tal quadro, não pode ser outra: 'Trata-se de uma insidiosa campanha publicitária, neo-colonialista, que visa apenas criar o sujeito que vai consumir o excedente de uma produção de fora daqui.' E sentenciava: 'Fica claro que este agrupamento social não está pensando; está sendo pensado. De fora para dentro. Se, de repente, vier uma ordem concitando a um outro tipo de roupa, ele tira a jaqueta e descalça o pisante. Se fosse encaminhado a quilombos ou ao IPCN, encontraria dificuldades — porque ficaria dependendo de opções e decisões pessoais, de interesses específicos. Não daria mais para ser uma transação de bolo, na base do inconsciente coletivo arrastando tudo.' (...)

A professora de Psicologia Social da Universidade Santa Úrsula, Therezinha Russo, vê no Black Rio de um lado a invasão de modelos internacionais, e de outro o aspecto comercial. Segundo ela, 'o soul ante o negro brasileiro parece ter a mesma significação que o rock tem para o branco. Por condições objetivas, a prática do soul pode transformar-se num fator de discriminação racial. Mas o fato não parece estar ligado a alguma conscientização de valores, daí a fragilidade do grupo negro brasileiro ante o engajamento numa forma de expressão que não pertence à sua realidade.'" (...)

Insólito em sua investida contra o Black Rio, o quase octogenário sociólogo pernambucano Gilberto Freyre, autor do discutido *Casa Grande e Senzala*, proclamaria 'o perigo da mistura de negros norte-americanos com os brasileiros negros que possuem um movimento chamado Black Rio, com a finalidade de transformar a música negra — o samba, principalmente — em música de protesto'. Em artigo publicado no *Diário de Pernambuco*, Freyre dizia ainda: "Teriam os meus olhos me enganado? Ou realmente li que, dos Estados Unidos, estariam chegando ao Brasil — se é que já não se encontram — vindos da tradicionalmente muito amiga República dos Estados Unidos da América do Norte, americanos de cor encarregados — por quem? — de convencer brasileiros, também de cor, que suas danças e seus cantos africanos deveriam ser de melancolia e revolta." (...)

Eis a defesa do movimento:

"Filó acrescenta à sua defesa um amargo desabafo: 'Com o soul queremos reintegrar nossa alegria e nossas festas ao cotidiano, e recusar as diversões com hora marcada. Dificilmente conseguirão nos transformar em atração turística enquanto fizemos algo tão pouco brasileiro como o soul.' (...)

Filó ainda tem fôlego para deixar três indagações aos adversários do Black Rio: '1) Por que se aceita com toda a naturalidade que a juventude da Zona Sul se vista de jeans, dance o rock, frequente discoteca e cultue Mick Jagger, enquanto o negro da Zona Norte não pode se vestir colorido, dançar o soul e cultuar James Brown? 2) Por que o negro tem que ser o último reduto da nacionalidade ou da pureza musical brasileira? Não será uma reação contra o fato de ele haver abandonado o morro? Contra uma eventual competição no mercado de trabalho? 3) Por que o negro da Zona Norte deve aceitar que o branco da Zona Sul (ou da Zona Norte) venha lhe dizer o que é autêntico e próprio ao negro brasileiro? Afinal, nós que somos negros brasileiros nunca nos interessamos em fixar o que é autêntico e próprio ao branco brasileiro.' (...)

Que nova postura seria essa? E o próprio Carlos Alberto Medeiros responde: 'Os adolescentes prefeririam adotar como sua a imagem (obviamente exagerada e distorcida) que lhes transmitiam seus irmãos do Norte. E quem quer que se preocupe com esses jovens — e não apenas com essa coisa tão difusa e diversamente definida, que é a cultura brasileira (roubada dos negros) — não pode negar os efeitos benéficos da nova imagem sobre pessoas que hoje não se envergonham mais de se olhar no espelho. É claro que dançar soul e usar roupas, penteados e cumprimentos próprios não resolve, por si, o problema básico de ninguém. Mas pode proporcionar a necessária emulação para que se unam e, juntos, superem suas dificuldades.'

Opinião semelhante à de Medeiros tem Beatriz Nascimento. A historiadora explica que o que leva o pessoal do Black Rio a se agrupar é 'a necessidade do negro de mostrar que tem cabelo duro igual, porque se você sai na rua, no Rio, com o cabelo black, você é zombado. É uma coisa muito mais de comportamento e de atitude, e tentando resolver uma situação psicoindividual e psicogrupal, que surge o Black Rio. Pode-se dizer que o movimento vem de uma necessidade real do negro de agir politicamente. Todos nós, desde quilombos, sentimos necessidade de resolver a situação social em que vivemos.'" (...)

Eis, enfim, o depoimento do principal astro do Black Rio, Gerson Combo:

"O negócio estava no meu sangue há muito tempo, mas eu não conseguiria expressar direito o que estava sentindo. Por causa disso, fui viajar, conhecer novos países e ver como a raça negra se manifesta por lá. Fui à Jamaica, convivi com o pessoal, senti que o reggae era uma manifestação da alma dos jamaicanos. Nenhuma outra conotação, nem racismo, nem nada, apenas uma forma de exprimir a alma. Depois do show, o manager me chamou e disse que ia haver um show de James Brown daqui a alguns dias, e indagou se eu não queria participar mostrando novos movimentos do corpo. Eu topei e tive que ir para Nova

Iorque, já que o show era lá. Eu e James Brown nos encontramos na suite do hotel que ele mantém na cidade. Ele estava um pouco sem falar, resfriado, e eu não sabia muito o que dizer, mas o que aconteceu foi que ele pôs um de seus discos na vitrola e ficou me olhando. Eu já tinha sacado o lance, não disse nada. Fiquei deixando que a música penetrasse aos poucos em meu coração e entrando no sangue, do sangue para os músculos. É daí a origem da palavra soul. (...)

É que os negrinhos se sentiam discriminados quando pintavam nos shows de rock, um lugar cheio de brancos. Chegavam lá e logo aparecia um cara e dizia para outro: — Olha lá aquele crioulo com aquele cabelo... Então, o negócio começou a pintar com os bailes da pesada do Big Boy, que foi o precursor, juntamente com o Ademir, desses bailes de subúrbio. Ele agitava, falava pelo rádio e enchia os clubes. Todas essas equipes de som só pintaram depois explorando o mercado dos clubes. Daí, os caras sacaram que o soul tinha boa aceitação entre os negros e começou a pintar tudo. Até que a Lena Frias, do *Jornal do Brasil*, desconfiou, achou algo estranho e começou a ir um baile aqui, outro ali, sempre anotando no papel. Ai, veio aquela materona no jornal sobre o Black Rio. Os negros se dividiram: uns acharam a divulgação um fato positivo, outros ficaram fulos, porque a Lena havia descoberto tudo. Então, depois, veio a badalação toda em cima do troço. O que há é o seguinte: no início, os brancos não podiam entrar nos bailes, era a maior discriminação. Houve isso mesmo, porque os negros ficaram de um lado e os brancos, com o rock, de outro. O negro estava cansado de ser discriminado.

O que o negrinho quer, nos bailes, é dançar, se extravasar pagando Cr$ 5 para entrar. Aí ele se extravasa das pressões. Olha, não adianta os críticos, o Sérgio Cabral e o Tinhorão, picharem tudo, porque as gravadoras trabalham com estatísticas, e nas estatísticas o soul está vendendo muito. Eu, por exemplo, já entrei nas paradas com o meu último compacto duplo. Mas é, esses caras que picham não falam a coisa direito. Esse negócio de quilombos, por exemplo. Fala em raízes, em África, de Ganga Zumba, mas não esclarece. Então, o negrinho não vai a quilombos. Vai lá só na porta e vê quanto eles cobram. Não é que eu não goste de escolas de samba. Realmente, eu não sou muito ligado a elas, mas não tenho nada contra. Quem foi que disse que o negro do Black Rio não gosta de samba? Aqui, do meu lado, tem um cara que me acompanha e que desfila na Portela. Eu mesmo estou a fim de no próximo carnaval desfilar na ala de frente de uma escola, só para ver qual será a reação. Não tem problema o cara vir ao Black e desfilar numa escola. Nesses grupos de soul, tem muito cara que sai no Salgueiro, na Mangueira. Sabe, pensando bem, não é que haja discriminação entre negro e branco, por causa do movimento black. O que há é aquela malandragem própria do carioca, que chega dentro de um ônibus e diz: — Aquele cara ali, com aquele cabelo, deve ser do Black Rio. O negócio é mais levado para o rock. Recentemente, quando o Gênesis fez aquela apresentação no Maracanãzinho, eu estava lá, assistindo. Eu não discrimino ninguém. Tenho amigos brancos importantes, como o presidente da Bolsa e o presidente Horta, que me conhece bem. Eu participo, inclusive, de peladas com ele. Quando perguntam

ao Horta quem é aquele negão com a bola, ele responde:
— Negão, não. Cidadão de cor".

BLACK RIO. Um e Meio, **Jornal do Commercio**, Rio de Janeiro, 20-21 nov. 1977.

(12) Temos poucos estudos sobre o comportamento político do negro no passado. Amaury de Souza, no artigo *Raça e política no Brasil urbano* (**Revista de Administração de Empresas**, Rio de Janeiro, v. 11, n. 4, p. 61-70, out./dez. 1971), manipulando o censo de 1960, conclui pela adesão majoritária dos negros ao Partido Trabalhista Brasileiro. Sanders sumariou assim a reflexão de Amaury de Souza:

"Um terceiro tema do artigo oferece importante contribuição ao esclarecimento do comportamento político do negro no passado. Souza acha que os dados de 1960 revelam um apoio muito mais forte, da parte dos negros, ao antigo Partido Trabalhista Brasileiro (PTB) do que o dos brancos (o PTB foi fundado por Vargas em 1945 para recrutar seus partidários no seio da classe trabalhadora). Não se fazendo distinção de classe social, uma pesquisa realizada no Rio mostrou que 56% dos negros e 31% dos brancos eram favoráveis ao PTB. Em contraste, 53% dos brancos e somente 30% dos negros eram favoráveis à União Democrática Nacional (UDN), partido conservador e da classe média. Mesmo quando os níveis educacionais de brancos e negros permaneceram constantes, Souza encontrou uma votação muito mais alta nos candidatos do PTB, nas eleições realizadas entre 1955 e 1960, entre os negros, com 60% daqueles que haviam ascendido à classe média continuando a apoiar o PTB. Souza conclui:

'A maioria dos negros, independentemente de sua classe social, é petebista, enquanto a maioria dos brancos, do mesmo modo, é udenista.' Souza explica a preferência dos negros pelo PTB como resultado da maior oportunidade de avanço econômico que eles experimentaram sob o populismo de Vargas. Antes de Vargas, os negros tiveram muito pouca chance de elevar-se economicamente, mas Vargas, que nos anos 1940 estabeleceu seu principal ponto de apoio na classe baixa urbana, expandiu o emprego para os negros, especialmente na administração pública, e presidiu significativa expansão econômica que também aumentou suas oportunidades de emprego. A principal importância do artigo está em demonstrar que, apesar dos mecanismos existentes para reduzir a identidade negra no Brasil, os negros (tanto pretos como mulatos) tendem a ver-se como parte da classe mais pobre e apoiavam enormemente o PTB porque o associavam ao avanço para eles pessoalmente e como grupo."

SANDERS, Thomas G. **Discriminação racial e consciência negra no Brasil**. Rio de Janeiro, 1983. (Mimeo.)

Ler também SOARES, Glaucio Ary Dillon. Classes sociais, strata sociais e as eleições presidenciais de 1960. **Revista Sociologia**, São Paulo, .v. 23, n. 3, p.217 — 238, set. 1961.

Sobre a aproximação entre caciques negros do samba e trabalhismo, em 1946:

"*Diário Trabalhista* tem estado em contato com diversos dos seus mais destacados próceres. Agora estamos diante de Paulo Benjamim de Oliveira, o grande Paulo da Portela, o maioral do samba carioca, o homem que centraliza as atenções das escolas de samba e ranchos cariocas. Nos nossos morros, nos nossos subúrbios mais longínquos, o tamborim, a cuíca e o pandeiro, num ritmo todo nosso, refletem o estado de alma das nossas grandes massas trabalhadoras que reúnem cerca de cem mil adeptos. Escusado é dizer que se trata de enorme massa de trabalhadores, das mais variadas profissões, desde o simples gari até o metalúrgico ou o pequeno lavrador. E Paulo da Portela é o líder dessa gente humilde, boa e operosa, cheia de fé nos destinos do Brasil. (...)

(...) Passamos a entrevistar Paulo da Portela sobre a política:

— Já pertenceu a algum partido político?

A esta pergunta Paulo não vacilou e respondeu:

— Nunca fiz parte de qualquer organização política. A minha política tem sido a do samba. Já ajudei a muitos políticos e se promessa valesse?... As nossas Escolas de Samba, as nossas casas nada têm.

— Qual foi o maior amigo das Escolas de Samba?

— Pedro Ernesto. Depois dele, só os jornalistas.

— Qual é o seu programa? (...)

1º – Auxílio permanente e eficiente ao recreativismo.

2º – Isenção de impostos e facilidades de locomoção para as nossas grandes exibições públicas.

3º – Criação de eficiente serviço de assistência social, pelo governo, nas sedes das Escolas de Samba.

4º – Construção de sedes adequadas, embora simples.

5º – Criação de escolas diurnas e noturnas nos morros.

6º – Proteção à infância abandonada e à velhice desamparada.

79 – Desenvolvimento do folclore nacional."

SANTOS, Lygia; SILVA, Marília T. Barboza da. **Paulo da Portela, traço de união entre duas culturas**. Rio de Janeiro: MEC-FUNARTE, 1979. (p.132)

Sobre o futebol como via de ascensão do negro, ler SANTOS, Joel Rufino dos. **História política do futebol brasileiro**. São Paulo: Brasiliense, 1981. E ainda o clássico FILHO, Mário. **O negro no futebol brasileiro**. 2. ed.Rio de Janeiro: Civilização Brasileira, 1964.

Sobre o rádio, PEREIRA, João Baptista Borges. **Cor, profissão e mobilidade**: o negro e o rádio de São Paulo. São Paulo: Pioneira, 1967. E também, especialmente sobre o sambista carioca e sua aparente promoção, LOPES, Nei. **O samba na realidade**: a utopia da ascensão social do sambista. Rio de Janeiro: Codecri, 1982.

(13) O que se convencionou chamar de "modelo econômico brasileiro de desenvolvimento", foi amplamente analisado em livros e artigos; do que carecemos são estudos sobre seu impacto na população negra, ainda que referências e comentários breves apareçam num ou noutro texto. Ler, sobre o "modelo", basicamente:

SODRÉ, Nelson Werneck. **Brasil: radiografia de um modelo**. Petrópolis: Vozes, 1975.

HOFFMANN, Helga. **Como planejar nosso desenvolvimento?** Rio de Janeiro: Civilização Brasileira, 1963.

TAVARES, Maria da Conceição. Natureza e contradições do desenvolvimento financeiro recente. In: _____. **Da substituição de importações ao capitalismo financeiro**: ensaios sobre economia brasileira. Rio de Janeiro: Zahar, 1973.

SINGER, Paul. **A crise do "milagre"**. Rio de Janeiro: Paz e Terra, 1977.

MENDES, Cândido. Elite de poder, democracia e desenvolvimento. **Dados**, Rio de Janeiro, n. 6, p. 57-90, 1969.

KRISCHKE, Paulo J.(Org.). **Brasil: do "milagre" à "abertura"**. Rio de Janeiro: Cortez, 1982.

TAVARES, Maria da Conceição; SERRA, José. Além da estagnação. In:
_____. **Da substituição da importação ao capitalismo financeiro**.
Rio de Janeiro: Zahar, 1972.

MACHADO, Edgard Godoi da Matta; BASTOS, Eduardo Marcos Chaves; TAVARES, José Nilo (Orgs.). **O modelo econômico e político brasileiro**. Rio de Janeiro: Achiamé, 1983.

SANTOS, Theotonio dos. El milagro brasileño y su crisis. **Comercio Exterior**, México, v.27, n. 1, 1977.

FURTADO, Celso. **A nova dependência: dívida externa e monetarismo**. Rio de Janeiro: Paz e Terra, 1982.

Sobre o impacto do "modelo econômico" na população negra, ler:

SILVA, Nelson do Valle. **Black-white income differentials: Brazil, 1960**. Dissertação de Ph.D. na Universidade de Michigan, 1978.

GONZALEZ, Lélia. A juventude negra brasileira e a questão do desemprego. **Annual Meeting of the Latin American Studies Association**, Pittsburgh-USA, 1979. (Comunicação mimeo.)

FONTAINE, Pieer-Michel. Transnational relations and racial mobilization: emerging black movements in Brazil. In: STACK Jr., John F. (Ed.). **Ethnic identities in a transnational world**. Connecticut-USA: Greenwood, 1981.

Pierre-Michel Fontaine sumariou assim os efeitos do aludido impacto:

"Primeiro: a exclusão do PTB da cena política bloqueou uma tradicional avenida de mobilidade individual de pretos e mulatos (...) Segundo: a proscrição das *Ligas Camponesas* (*Peasant Leagues*) removeram de cena o principal mecanismo de mobilização social e política do Nordeste, em que a população negra está fortemente concentrada. (...) Terceiro: A revogação das conquistas trabalhistas e sociais do período populista só poderia afetar fortemente a mobilidade social dos negros e seu nível de vida. (...) Quarto: o estabelecimento do "estado de segurança nacional" significou, mais do que nunca, a classificação do protesto racial como subversão. (...) Quinto: Na questão específica das multinacionais, (...) pesquisas posteriores demonstraram que, de maneira crescente, negros em ascensão tendem a ver as multinacionais em si mesmas como mais hostis a eles que outras firmas e a preferiram esmagadoramente os empregos no governo e setor público. (...) Sexto: Isto significa [a crescente burocratização da sociedade e a modernização da burocracia] que o conjunto dos negros tem sido desencorajado, embora não completamente, de desenvolver recursos clientelísticos, como resultado do deslocamento dos velhos partidos e a diminuição dos políticos, em favor dos "burocratas", cujos elementos mais dinâmicos devem apresentar recursos competitivos (habilidades de organização e inteligência) como condição para integrar a burocracia pública."

FONTAINE, Pierre-Michel. Models of economic development and systems of race relations: the brazilian development and the afro-brazilian condition. In: SILVA, Luiz Antônio Machado da (Org.). **Movimentos sociais urbanos, minorias étnicas e outros estudos**. p.164-170. São Paulo: ANPOCS, 1983. (Ciências Sociais Hoje, n. 2)

(14) O famosíssimo decreto do Ministro da Fazenda do Governo Próvisório, são, na verdade instruções, expedidas a 14 de dezembro de 1890, para incineração dos documentos recolhidos às repartições do Ministério da Fazenda referentes à escravidão; a incineração só foi realizada na gestão seguinte, conforme atesta circular de 13 de maio de 1891. A simples leitura atenciosa do documento descarta, assim, a hipótese de um enorme e irreparável prejuízo para a história do negro — sem falar que é superadíssima a concepção aferrada ao documento escrito. Muitas outras repartições e instituições, públicas ou privadas, guardaram, por outro lado, fartíssimo testemunho do negro em nossa história. A decisão de Rui significou mais como atitude do que como dano. Eis as instruções:

"Considerando que a Republica está obrigada a destruir esses vestígios por honra da pátria e em homenagem aos nossos deveres de fraternidade e solidariedade com grande massa de cidadãos, que, pela abolição do elemento servil, entraram na comunhão brasileira.

I — Serão requisitados de todas as Tesourarias da Fazenda todos os papéis, livros e documentos existentes nas repartições do Ministério da Fazenda, relativos ao elemento servil, matrícula dos escravos, dos ingênuos, filhos livres de mulher escrava e libertos sexagenários, que deverão ser sem demora remetidos a esta Capital e reunidos em lugar apropriado na recebedoria.

II — Uma comissão composta dos Srs. João Fernandes Clapp, presidente da Confederação Abolicionista, e do Administrador da recebedoria desta Capital, dirigirá a arrecadação dos referidos livros e papéis à queima e destruição imediata deles, que se fará na Casa da Máquina da Alfândega desta capital, pelo modo que mais conveniente parecer à comissão."

BARBOSA, Rui. **Obras completas**. Vol. XVII (1890), tomo II, p. 338-340.
Rio de Janeiro: Fundação Casa de Rui Barbosa, 1956.

(15) Sobre um dos elos da cadeia mitológica que sustenta a concepção de Brasil:

"Os estudos das práticas contestatórias dos escravos estão longe de haver alcançado um equacionamento científico, malgrado as pesquisas realizadas pelos Autores (Décio Freitas e Clóvis Moura) antes citados e por outros igualmente respeitáveis como José Alípio Goulart, Edison Carneiro e mais recentemente Jacob Gorender. (...) Também há de encarecer a necessidade de se proceder à reinterpretação teórica das contribuições de Perdigão Malheiro, Nina Rodrigues e Artur Ramos, cujas obras pioneiras se ressentem de uma imprescindível releitura.

Quando isto ocorrer, outro mito também mantido indebitamente, sofrerá imperiosa e severa reformulação. Referimo-nos à afirmativa de que a sociedade brasileira resultou de um processo integratório, quase sempre pacífico e harmonioso do qual resultaria, por exemplo, a solução não violenta dos conflitos sociais. A partir desta perspectiva ideológica, que seleciona as informações divulgadas pela História escrita *ad usum Delphini*, não sabemos como justificar exclusão dos setores populares que domina este discurso flagrantemente unilateral. (...)

Boxer, o historiador inglês cuja bibliografia de estudos sobre a colonização portuguesa é de consulta obrigatória, sobretudo no que diz respeito ao Brasil, encarregou-se de demolir este alicerce ideológico sobre o qual se construiu o mito da integração pacífica".

ALBUQUERQUE, Manoel Maurício de. A propósito de rebelião e trabalho escravo. **Encontros com a Civilização Brasileira**, Rio de Janeiro, n. 5, p. 88-89, nov. 1978.

(16) Sobre "grupos específicos" e sua razão de ser. (Conferir nota 9).

> MOURA, Clóvis. **O negro: de bom escravo a mau cidadão?** Rio de Janeiro: Conquista, 1980. (p. 168)

(17) Sobre o negro como representante do brasileiro:

"Só que na hora de mostrar o que eles chamam de mulheres negras são consideradas prostitutas. Agora, eu pessoalmente não posso dizer que já sofri realmente na minha vida pressão racial, nunca, nunca mesmo, em nenhum instante, em nenhum lugar em que eu estive, fui, assim, pressionada ou barrada por questão de preconceito. Agora, os meus amigos negros vivem me colocando na parede, dizendo 'você está se embranquecendo, você está aderindo ao comportamento branco'. Eu não sei o que vocês entendem por comportamento branco, e até hoje não consegui definir esse comportamento.

Neuza. Só uma perguntinha: por que você alisa o seu cabelo?

Marilda. Eu sabia que vinha esta pergunta, eu sabia. O meu cabelo não vai ficar nem igual ao seu nem igual ao dele, não vai. Eu gosto de tratar do meu cabelo. Nós somos raças mistas, eu sou descendente meio africano, meio índio, meio alemão. Tenho longas raízes, sou descendente também de africanos, não nego minhas raízes nem um pouco.

Lélia. Mas eu acho que você obviamente descende de africanos pela cor da sua pele, e alguns aspectos seus nos lembram o índio. Mas quando eu falo de índio, estou falando de índio oprimido. O índio que eu faço questão de ressaltar é o indígena que foi liquidado, certo, que foi dizimado, que nem teve a oportunidade que nós estamos tendo aqui de falar, certo?

<u>Marilda</u>. Aí que está, você está me colocando na parede agora...

<u>Lélia</u>. Estou, claro que estou, estou mesmo. Sabe, minha irmã, eu acho que nós estamos aqui numa abertura mesmo. Não estou sendo agressiva com você. Estou sendo veemente, e não agressiva. Então acontece o seguinte: me parece que aí a gente vai cair na questão da ideologia da mulata, você está entendendo? Durante muito tempo eu achei que, por exemplo, eu subi na vida por minha conta, que nunca houve preconceito racial em cima de mim, que nunca ninguém me pressionou em nada.

<u>Marilda</u>. Eu estou fazendo o papel de cobaia."

MATÉRIA. **Isto é**, São Paulo, n. 73, p. 44, 17 maio 1978.

(18) São inúmeros os depoimentos sobre a animalização do negro escravo. Os viajantes estrangeiros do século 19 quase sempre foram tocados pelo fenômeno, como é o caso de um dos pais do "evolucionismo" viajando pelo litoral norte fluminense em 1832:

"A seguinte ocorrência, que se passou comigo, impressionou-me muitíssimo mais intensamente de que qualquer história de crueldade que eu pudesse jamais ter ouvido. Aconteceu que, certo dia, atravessando um ferry em companhia de um negro que era excessivamente estúpido, a fim de ser compreendido, passei a falar alto e a gesticular. Devo, em algum momento, ter lhe passado a mão próximo ao rosto, pois, julgando talvez que eu estivesse irado e fosse batê-lo, deixou penderem os braços, com a fisionomia transfigurada pelo terror, e os olhos semicerrados, na atitude de quem espera uma bofetada da qual não pretende esquivar-se. Nunca me hei de esquecer da vergonha, surpresa e repulsa que senti ao ver um homem tão musculoso ter medo até de aparar um golpe, num movimento instintivo. Este indivíduo tinha sido treinado a suportar degradação mais aviltante que a da escravidão do mais indefeso animal."

DARWIN, Charles R. **Viagem de um naturalista ao redor do mundo**. v. 1, p. 44-45. Tradução de J. Carvalho. Rio de Janeiro: Sedegra, 19--. (2 v.)

Na mesma viagem, Darwin anotou o oposto da animalização: o negro aquilombado:

"Como a lua nascesse cedo, resolvemo-nos a partir na mesma tarde, a fim de pernoitarmos na Lagoa Maricá. Estando a cair a noite, passamos sob uma das íngremes colinas de granito maciço, tão comuns neste país. É notório este lugar, pelo fato de ter sido, durante muito tempo, o quilombo de alguns escravos fugidos que, cultivando pequeno terreno próximo à vertente, conseguiram suprir-se do necessário sustento. Mas foram, um dia, descobertos e reconduzidos dali por uma escolta de soldados. Uma velha escrava, no entanto, preferindo a morte à vida miserável que vivia, lançou-se do alto, indo despedaçar-se contra as pedras da base. Se se tratasse de alguma matrona romana, esse gesto seria interpretado como nobilitante amor da liberdade, mas, numa pobre negra, não passava de simples caturrice de bruto. Continuamos cavalgando várias horas.

No decurso dos primeiros quilômetros a estrada emaranhava-se por um deserto de lagunas e pântanos, dando ao cenário banhado de luar o aspecto mais desolador que se podia imaginar. Alguns pirilampos cruzavam o ar perto de nós, e a nosso ouvido chegava o gemido da narceja, que fugia à nossa passagem. As ondas que se quebravam nas praias longínquas mandavam-nos, através do silêncio da noite, o seu marulhar surdo e monótono."

IDEM, ibidem, p. 38-39.

Capítulo 2
A rebeldia

Com o aprofundamento dos estudos históricos, nos últimos anos, se esboçou entre nós uma certa classificação da rebeldia negra colonial:

I — Quanto à estratégia:

1. Enfrentamento individual ou coletivo, sem formação de comunidade alternativa;
2. Fuga coletiva, com a formação de comunidade alternativa (quilombo);
3. Participação em rebeliões de outrem;
4. Rebeliões pela tomada do poder;

II — Quanto à tática:

1. Ações criminosas;
2. Guerra de movimento;
3. Guerrilhas;
4. Conjuração;
5. Insurreição.

Aceitando o conceito, ou *preconceito*, de que a rebelião colonial é exclusivamente externa — colônia × metrópole —, a historiografia tradicional brasileira elaborou uma longa lista de "rebeliões coloniais" em que não entram as rebeldias negra e indígena. Foram elas, no entanto, as legítimas rebeliões coloniais, pois implicavam na reversão da situação colonial, basicamente apoiada na escravidão de negros e na escravidão e servidão de índios. **(1)**

Tem-se verificado, para começar, que o *enfrentamento individual ou coletivo, sem formação de comunidade alternativa*, foi bastante mais comum do que se supunha; na verdade, do que se queria supor. E, mais importante, seu alcance variou conforme o contexto político geral. Terá sido menor, por exemplo, em períodos de calmaria política; maior, por vezes decisivo, nos momentos de ruptura. O enfrentamento individual, por via da ação criminosa (aborto; assassínio do feitor, do fazendeiro ou seus familiares; o suicídio, a sabotagem, etc.) e a fuga em massa (sem a consequente formação de quilombo) foram decisivos fatores, pelo menos nos seguintes eventos políticos gerais: a guerra contra a Holanda (1630-1635 e 1645-1654); a guerra da independência (1822-1823); o processo de centralização (1830-1850); a Abolição (1870-1888).

Fora de tais momentos, a rebeldia individual ou coletiva (mas sem a formação de quilombo) contribuiu para o desgaste do sistema produtivo, acarretando, pelo menos em um caso — o da Abolição — a desestabilização da situação conservadora. Este processo "invisível", como já disse alguém, de cupim, de verdadeira guerrilha, é que acabou por tornar o trabalho assalariado, afinal, mais rentável do que o escravo.

Durante a guerra da independência, para insistir num exemplo característico, a sabotagem dos pretos constituiu permanente ameaça aos dois exércitos; e, numa ocasião pelo menos, cresceu em revolta aberta, contra o "exército brasileiro", nas localidades Mata Escura e Saboeiro. A pouca documentação que se conhece não permite saber se se tratavam de escravos crioulos ou africanos e em que grau foram estimulados por agentes portugueses, interessados em paralisar o "exército brasileiro". Revelando, no entanto certa disposição oportunística do escravo negro, põe em xeque um primário e resistente elo da cadela mítica da consciência brasileira: a unidade moral do povo brasileiro na hora decisiva da independência. Os rebeldes de Mata Escura e Saboeiro — sumariamente fuzilados, ou não se sentiam brasileiros, o que desmente a unidade; ou constituíam exceção, o que é indemonstrável, à vista de comportamento semelhante, em outros momentos parecidos.

No fundo, o exemplo típico de Mata Escura e Saboeiro, põe em xeque (e sob esta luz costumam discuti-lo os intelectuais negros) a relação negro-nacionalidade. O comportamento da população negra (majoritária na maior parte do período colonial), era, naturalmente, heterogêneo, havia o "bom crioulo" e o "mau africano", e, entre eles, um matizado gradiente. Ocorre que o negro integrado à Nação — desde quando se pode falar dela — é o "bom crioulo". E "bom crioulo" é apenas um eufemismo para designar escravo adaptado. Fica por resolver o dilema: a rebeldia negra será, por definição, antinacional? E, tendo em conta que o negro inadaptado — o negro que se recusa — constituía parte ponderável (em alguns momentos a maior) da população negro-escrava, e mesmo da população total, pode-se falar em Nação brasileira? Um complicador é que o próprio conceito de Nação é fluido, mas, de toda forma, é ele que parece abalado pela constatação do oportunismo do negro escravo — como em Mata Escura e Saboeiro. **(2)**

Onde melhor se vê o papel da rebeldia negra individual ou coletiva (mas sem a formação necessária de quilombo) é no processo da Abolição.

Ha uma suposição vulgar e didática de que jovens estudantes e jornalistas liberais conquistaram a Abolição para os negros e o país. Há, no outro extremo aparente, uma *historiografia das contradições* que explica a liquidação do escravismo brasileiro como uma reacomodação de camadas internas decorrente de mudanças básicas na economia do mundo ocidental a que sempre estivemos presos; e há, ainda, uma variante dessa, que define a abolição como episódio natural, evolutivo, da ascensão burguesa no Brasil, mas que é, também, uma historiografia das contradições. Em qualquer desses esquemas, o papel da rebeldia negra tende a ser subestimado.

A pesquisa mais recente, e atenciosa, veio mostrar, no entanto, que a solidariedade interna da nossa classe proprietária, garantia da bem-sucedida resistência à campanha abolicionista até 1885, só se rompeu com a debandada em massa dos escravos do Sudeste. Provavelmente este fato permaneceu oculto por uma dupla conjugação de dogmatismo conceitual — a "doença infantil" das ciências sociais — e preconceito étnico, inclinada a perceber a história brasileira como exclusivo condomínio de brancos. **(3)**

Quilombos

A fuga coletiva, com a formação de comunidade alternativa, tem concentrado, naturalmente, a maior atenção dos estudiosos. A atenção permitiu rever algumas ideias antigas — e ideologicamente com prometidas, é claro. Não é verdade, por exemplo, que esta forma da rebeldia negra fosse excepcional e localizada. O quilombo (que na origem angolana, significava depósito de escravos em trânsito) foi, na verdade, universal na América, despontando até mesmo em áreas distantes como São Tome e Zanzibar. **(4)**

O conceito mesmo de quilombo tem sofrido correções. O vocábulo quimbundo, com efeito, designava ajuntamento transitório de cativos, sob a direção de pumbeiros e/ou autoridades; e tinha, pois, conotação infamante: o cativo será sempre aquele que aceitou a derrota, preferindo viver. No vocabulário jurídico colonial, em que "por quilombo entender-se-á a reunião no mato ou em lugar oculto de mais de três escravos" (art. 20 do Código de Posturas da Cidade de S. Leopoldo, Rio Grande do Sul, aprovado pela Lei Provincial n. 157, de 9 de agosto de 1848), o arbítrio mal disfarça a vilania. Ao que consta, no Brasil, nunca uma comunidade negra se autodesignou como tal: Angola Janga é como se chamava o quilombo dos Palmares; e *mocambo, cerca, terra dos pretos*, parecem ter sido os autoapelativos mais comuns.

Na literatura histórica tradicional, assim a conservadora como a crítica, quilombo é "ajuntamento de escravos fugidos" — os tempos fortes da expressão sendo "ajuntamento", isto é, conjunto informe, e "fugidos", o que conota resistência passiva. A pesquisa histórica mais recente, entretanto, substituiu a visão do caos, no interior do quilombo, pela de organização alternativa.

Ora, alternativa em face de quê? Da formação social colonial. Alternatividade consistente em quê? Sumariamente: fartura no quilombo × penúria na formação social colonial;

policicultura × monocultura; produção voltada para dentro × economia de exportação; trabalho coletivo × trabalho escravo; acordo ecológico × predatorismo; apropriação coletiva da terra × apropriação monopolística; convivência racial × segregação racial; e assim por diante. Não admira, de nenhuma forma, que o colonialismo português (espanhol, entre 1580 e 1640; e holandês, de 1630 a 1654) não desse quartel aos quilombos: percebia-os como seus antagônicos, tanto quanto podem sê-lo dois estados no mesmo território. Os quilombos realizavam ocupação pela força da terra — o mais precioso bem da sociedade colonial —, valorizando-a; não pagavam impostos e, muitas vezes, cobravam pedágio aos fazendeiros vizinhos.

Desde os anos 1970, a pesquisa e a análise históricas vêm municiando de informações e argumentos como estes a luta organizada contra a rede de preconceitos, ignorâncias e omissões deliberadas a que se convencionou chamar *cultura do racismo*. Longe parece o tempo em que se davam os negros como "testemunhos mudos de uma história para a qual não existem, senão como uma espécie de instrumento passivo" e "neste sentido, a consciência do escravo apenas registrava e espelhava, passivamente, os significados sociais que lhes eram impostos" — como, ainda em 1977, escreveu Fernando Henrique Cardoso. **(5)** Na mesma cilada parecem cair os estudiosos que, extraindo categorias e critérios gerados na análise da rebeldia operária sob o modo de produção capitalista, ou em suas fases de transição, se recusam a conferir caráter revolucionário às lutas do escravo negro — salvo a insurreição, raríssima e autolimitada. Ora, pelo que a pesquisa atenta vem demonstrando, a subtração voluntária do escravo negro ao trabalho

— em grau menor pela sabotagem, em grau maior pela fuga — causava prejuízo por vezes insuportável ao senhor, pois este devia contabilizar negativamente o tempo de inatividade do escravo, os gastos com capitão do mato, guarda do escravo, etc. (em caso de fuga) e a queda de seu preço, por fujão, no caso de reavê-lo. **(6)** Não nos iludamos, porém: é no plano político que o quilombo significou, e significa todavia, insuportável ameaça ao sistema, à formação social, ao modo de produção — como se quiser — colonial escravista: anulavam-se. E é, enfim, como coveira da ordem escravista que se deve encarar a rebeldia negra em suas múltiplas formas **(7)**.

Ainda que o negro como objeto de estudo se considere, entre nós, um tema menor (inferior ao índio, por exemplo, na Antropologia; e à classe operária, na Sociologia), a liderança da luta organizada contra o racismo, e sua cultura, só avançou na medida em que os cientistas sociais lhe desvelaram o passado e o presente das relações raciais. A antiguidade e a influência das civilizações negro-africanas, a africanidade essencial da civilização egípcia, o alto valor comparativo das culturas pré-coloniais africanas, a prolongada resistência do negro africano à dominação colonialista, o preparo técnico dos sudaneses traficados para a América e, enfim, mas não por último, a rebeldia do negro brasileiro como capítulo principal da nossa história social por três séculos e meio — eis alguns módulos de conhecimento, convertíveis, com as inevitáveis distorções, em energia ideológica pelos movimentos negros. **(8)**

O contrário também é verdade. O notável interesse pelo tema quilombo, desde meados da década de 1970, nasce do encontro entre historiografia e etnicidade. Perguntas alheias à História, enquanto ciência, formuladas por militantes dos movimentos negros e seus aliados, motivam e provocam os estudiosos. Um exemplo: como seria hoje o Nordeste se o modelo econômico-social quilombola tivesse derrotado o modelo colonial escravista? Palmares se autodenominava N'gola Djanga, voz quibunda (a maioria dos seus fundadores talvez fosse da bacia do Congo); os colonialistas o traduziam por Angola Pequena; os historiadores, mais tarde, consagraram o apelativo quilombo dos Palmares. É no entanto como utopia, "Brasil pequeno", um Estado autônomo, coletivista e racialmente harmônico, que os negros o percebem hoje. Algo assim como a boa semente que a terra recusou.

A especulação sobre o modelo quilombola à formulação de uma espécie de práxis afro-brasileira: o quilombismo. **(9)** Se trata, em suma, de um esforço teórico — por definição gerador de ação política — no sentido de pensar o país do ponto de vista do quilombo; na verdade, do ponto de vista *daquilo que se sabe*, mais *o que se supõe ter sido* o quilombo. Não mais o negro que se pensa a si, mas o negro que a partir de si pensa o passado e o futuro do país e do mundo em que lhe tocou viver.

Para o negro politizado brasileiro, o quilombo se aproxima daquilo que o negro norte-americano chama de *soul* — a parte imortal e intransferível do seu ser. Não admira que pretendam ver o espírito do quilombo em fenômenos tão distanciados como o terreiro de candomblé e a criminalidade urbana. Sobretudo não admira que seus intelectuais se debrucem ansiosamente sobre estas formações negras, ou majoritariamente negras, sobretudo rurais, mas também urbanas, a que chamam quilombos contemporâneos.

Não é difícil compreender que os quilombos — mesmo aqueles que, como Palmares, concentraram mais população que a maioria dos burgos coloniais — *tivessem* de ser destruídos. O historiador, já disse alguém, é o que profetiza o passado. *Tinham* de perder porque eram alternativas a um sistema mundial (naturalmente do que se podia chamar mundial na época). *Comunidades alternativas camponesas* — completemos a fórmula — pois ocupavam, geralmente, terras fecundas, a serem necessariamente apropriadas pela lavoura de exportação em expansão. Sua alternatividade foi sua sentença de morte, ademais, porque funcionavam como refúgio para as sobras humanas do sistema — brancos expropriados da sua lavoura ou perseguidos da justiça, mestiços ociosos e índios expulsos. Refúgio ativo, na verdade: aí se ingressava num sistema produtivo, com circulação mercantil e renda partilhada.

Quilombos contemporâneos

Dentre as alternatividades da sociedade quilombola, tem merecido especial atenção a convivência racial democrática de que foi exemplo.

E não por acaso, desde que o modelo colonial escravista-exportador, que aqui imperou por três séculos e meio, é, em, última instância, o primitivo gerador do racismo brasileiro. Foram os quilombos, com efeito, as únicas sociedades de democracia racial — em que, por definição, a "raça" nada influi na atribuição de papéis sociais — que conheceu, até hoje, o Brasil. Chega-se, assim, e graças ao que a pesquisa histórica mais recente parece demonstrar, a um outro ajuste no conceito de quilombo: seria uma comunidade camponesa alternativa, composta pelas sobras do sistema colonial, a saber, brancos socialmente desajustados, mestiços, ociosos, índios desaculturados e negros fugidos — com hegemonia destes últimos — e plurirracial.

Há, de fato, espalhadas por todo o país, um sem-número de aldeias (ou coisa que o valha), suficientemente coesas e isoladas da sociedade global, e, em grau variável, da própria sociedade regional, remanescentes de antigos quilombos ou *instaladas* por latifundiários decadentes no final de século 19, ou ainda mais raramente resultantes de *invasões* recentes, para que se possa falar em *quilombos contemporâneos*. **(10)** Elas possuem, certamente, marcantes elementos comuns, indeléveis traços que o tempo e a distância não borraram. Quais?

Independentemente do grau de inserção na sociedade regional, essas comunidades negras se percebem, e são percebidas pela vizinhança, como grupo peculiar — "Bonsucesso dos Pretos", "Cajá dos Pretos" ou simplesmente "terra dos pretos", "lugar dos pretos". Peculiar e, numa conta que só os estudos de campo podem dar, contrapostas. Um *quilombo contemporâneo* é, sobretudo, uma família extensa, de parentesco real ou simbólico, daí este inequívoco ar de família que se tornou quase uma outra natureza do preto, mesmo na cidade. Como na África "tradicional", a suprema danação, aqui, é estar só. **(11)**

É também característica delas o que se convencionou chamar *posse útil da terra* — a propriedade comunitária repartida em pequenas roças pelas famílias componentes; cada chefe de família escolhendo livremente o terreno que pretende roçar; e, enfim, a instituição de variadas formas de ajuda mútua. O roçado esgota a quantidade de trabalho social disponível apenas nas comunidades mais isolada, e dessas, a pesquisa, até aqui, encontrou muito poucas. Naquelas em que a inserção na sociedade envolvente é maior, o negro quilombola se encontra em situação ambígua, ao mesmo tempo de camponês livre (quando lavra a roça familial) e de assalariado urbano (quando busca, na cidade próxima, um complemento de sobrevivência). Os quilombos contemporâneos são, ademais, e até onde se pode apurar, de um pertinaz catolicismo. Os *isolados negros*, como quis batizá-los alguém, recalcam a religiosidade ancestral como qualquer outra gente — o catolicismo militante, vestido de cores berrantes, parece constituir a sua inabalável ligação com a sociedade nacional. **(12)**

Convenhamos: é muito pouco para caracterizar uma particularidade; tanto mais que *solidariedade, relações de vicinagem e laços de compadrio* — essas marcas registradas da sociedade caipira — podem ser avocados na explicação das manifestações comunitárias dos quilombos contemporâneos. A originalidade deles talvez, afinal, consiste na maneira única de combinar as características universais da sociedade caipira contra o fundo de uma memória africana. Algo assim como um agente catalizador, uma enzima capaz de alterar o movimento de reação das mais diversas substâncias com que entra em contato, sem se alterar ela própria no processo. **(13)**

Comunidades percebidas como peculiares, posse útil da terra, ar de família, catolicismo militante, *propriedades enzimáticas*, etc., nada disso pode esconder o que é, senão mais importante, ao menos mais premente: os quilombos contemporâneos se caracterizam pela *tensão do cerco*. O *desenvolvimento do agronegócio*, pelas vias em que se realiza, exige a expropriação dessas diminutas ilhas, ocupantes, em alguns casos — como no Maranhão, Piauí e Pará —, dos últimos pedaços não apropriados de terra fértil. Não por acaso, os "papéis de posse" são a sua paranoia coletiva. Seus dias parecem contados.

Quilombo contemporâneo é expressão que cobre, por extensão, roças de candomblé e terreiros de xangô — já não fossem as congregações religiosas, em si, fenômenos comunitários. Candomblés e xangôs constituem famílias rituais, representam certo padrão de distribuição da renda, contraposto ao da sociedade global. Reelaboram sem cessar, em suma, o que se convencionou chamar *estratégias de sobrevivência*, conjunto de maneiras adaptativas às situações socioeconômicas desfavoráveis. Da mesma forma, os aglomerados urbanos negros permanentes. **(14)**

Palmares

Com duas horas de carro, de Maceió, se chega à Serra da Barriga. É uma elevação espiralada, alta de 600 m, abaulada no meio, como se estivesse grávida, de cujo ponto mais alto se vê, sem ser visto, com a nitidez das paisagens equatoriais, todos os caminhos do país, do litoral da Bahia, de Pernambuco, do Agreste. O povoado mais perto se chama União do Palmares: ativa e pobre como qualquer vila do interior brasileiro, é uma ilha cercada de latifúndios canavieiros por todos os lados.

Habitam a serra algumas centenas de *posseiros*, ocupados um pouco em suas pequenas roças, um pouco nos canaviais e usinas circundantes. Moradores recentes, seus avós chegaram de diversos estados do Nordeste, no máximo há 100 anos. Nada os liga, portanto, ao fato histórico ocorrido ali há três séculos.

Sabe-se na verdade, pouco sobre Palmares. **(15)**

O nome vem de *palmae*, pela abundância deste vegetal; e cobria, há 400 anos, uma enorme mata virgem que ia do rio São Francisco ao sertão do Cabo de Santo Agostinho, perto de 350 km de comprido. Não houve um quilombo de Palmares, como geralmente se pensa, mas um cordão de comunidades negras apalancadas — Macaco, Amaro, Subupira, Osenga, Zumbi, Acotirene, Tabocas, Andalatituche, Alto Magano, Curiva, Danbrabanga e outras. Os contemporâneos jamais usaram, aliás, a palavra *quilombo* para designar essas comunidades. Chamavam-nas *mocambos*, do quimbundo *mubambu*. Não se pode, até hoje, precisar o ano, do último quartel do século 16, em que cerca de 40 escravos rebeldes abandonaram um engenho do sul de Pernambuco, então a mais rica das capitanias luso-brasileiras, para se esconderem nos Palmares; em 1694, quando desapareceu, sua população excedia, contudo, os 20 mil, menor apenas que a das principais cidades do litoral.

Foi o *marronage*, como se sabe, universal na América. **(16)** Em nosso país, contudo, seu estudo apenas começa, havendo, de resto, uma tradição historiográfica conservadora que o subestima, considera que se trataria de "simples ajuntamentos de escravos fugidos" e não, como de fato foram, formas superiores de resistência à escravidão, em que tanto o negro africano quanto o *criollo* recuperavam sua personalidade.

O *marronage* brasileiro, de que Palmares foi o caso extremo, é, assim, essencial para se explicar a rebeldia negra no Brasil. Nos três primeiros séculos da nossa existência, enquanto não amadureciam as condições que permitiram a participação do negro em revoltas e conjurações diretamente voltadas contra o poder colonial, ele foi mesmo a única e solitária modalidade coletiva daquela rebeldia; e, ainda, no quarto século, quando nos principais centros — Rio, Bahia, Minas Gerais, Pernambuco — a sistemática luta dos negros contra o sistema colonial buscava outros canais, porventura mais efetivos, o *marronage* não cessou, absolutamente. Da selva amazônica, paraíso verde do extrativismo, à campanha gaúcha, gado sem dono pastando terras do sem-fim, brotaram quilombos. Nenhum tão grande quanto Palmares; nenhum tão pequeno que não mobilizasse a repressão colonial.

Para a historiografia crítica, Palmares talvez represente a chave da formação social escravista, que aqui vigorou por quatro séculos, vale dizer 4/5 do nosso passado; abrirá certamente, também, uma janela sobre a decisiva questão da dinâmica colonial, em que os estudos especializados parecem encalhados. Um velho mito — de que não se podia fazer a história do negro por falta de documentos —, a que os próprios negros deram curso, começou a ruir com o estudo de Palmares: dando de barato que a história dos oprimidos se apoia em metodologia e fontes específicas suas, a pesquisa em arquivos portugueses e coloniais pôs à sua disposição, até aqui, para mais de cinco mil documentos (1980). **(17)**

Dos cinco séculos que tem o Brasil de existência histórica, Palmares sozinho ocupou um inteiro. Tudo aquilo que o homem comum foi levado a pensar do negro — pela escola, pelo folclore, pelo livro e pela mídia —, Palmares desmente. A imagem que o branco brasileiro faz do negro, a que o próprio negro faz de si, é a do antagônico branco: perverso, desorganizado, traiçoeiro, irracional, destituído de civilização. Ora, a revelação de Palmares tem sido a contraprova disto, e não no plano da retórica política, ou do discurso ideológico, mas no "sagrado terreno da história".

O conhecimento de Palmares põe em risco, ademais, dois componentes basilares da concepção de Brasil adotada pelos brasileiros em geral, os de cima como os de baixo, os intelectuais como os iletrados, a saber: o negro foi o segundo elemento da tríade formadora da nação (o índio foi o terceiro), se limitando a seguir os rumos indicados pelo branco; e o negro, fora da África, não possui história nem identidade: aqui ele se tornou, antes e acima de tudo, brasileiro.

Para os movimentos negros, Palmares importa sobretudo como prova cabal da valia do negro, fato que o conhecimento histórico vem demonstrando. Não foi a pesquisa histórica, contudo, que gerou o fato ideológico: foi uma intuição que ela confirmou. Palmares representa a *contestação vivida*, como disse alguém; e por um século. Nenhuma experiência mais longa e mais completa.

Desse ponto de vista — interseção de historiografia e etnicidade — é que os movimentos negros o enxergam. E formulam perguntas cujas respostas podem conduzir à ultrapassagem dos limites atuais a que parecem circunscritos.

Palmares era uma nação (ou o embrião de uma nação, não importa) ou não passou de "grosseira odisseia", como no dizer de Nina Rodrigues? Por analogia, se deve lembrar que os povos indígenas atuais se autodenominam *nações indígenas*. *Índios* o que têm de mais comum entre si é a derrota diante do colonizador.

Foram nações — com território, comunidade de língua, vida econômica e perfil cultural próprio — que os europeus esmagaram e rotularam à sua maneira. Ora, o que os negros de hoje aprendem (ou apreendem) dos estudiosos de Palmares é precisamente isto. A *contestação vivida* que foi Angola Janga assume, nessa ótica, sua máxima elasticidade. **(18)**

É no *exame das rebeliões de outrem a que emprestou o seu concurso*, mais do que em outro tipo, que se faz necessário distinguir *negro* de escravo, como aliás *escravo como classe e escravo como condição jurídica*. **(19)**

Se é certo que durante todo o tempo a maioria dos negros foi escrava, houve sempre, sobretudo nas cidades, e a partir de cerca de 1800, ponderável franja de homens negros livres — os *pretos forros* das devassas e crônicas coloniais. O preto não era uma classe; classe era o escravo, e classe tão isolada e solitária que nem contava com a solidariedade do conjunto dos homens de cor. Só no quilombo o escravo vence sua solidão de classe. Pretos forros eram precisamente os que se haviam livrado da condição servil, os que mantinham a cor e os atributos subjetivos da condição servil, mas a quem a sociedade conferira o prêmio de se distanciar, objetivamente, daquela condição. Ora, se distanciar objetivamente da escravaria, numa ordem escravocrata, era, por um lado, se tornar senhor de escravo — e foram, sempre muitos, mas sobretudo nas minas de ouro e diamantes, os pretos donos de escravos; e, por outro, reivindicar os direitos dos cidadãos livres — direito irrestrito à função pública, em destaque a militar e a religiosa, etc.

A massa de insatisfeitos — camada ociosa e oscilante — que pressiona o sistema colonial, durante toda sua duração, o celeiro de rebeldes coloniais (1550-1831) e regenciais (1831-1849), é a soma (soma mais que aliança) desses pretos forros com os mestiços de todos os cruzamentos. Massa que efetivamente, à semelhança do quilombo, põe em xeque a ordem colonial. Pretos forros e mestiços são os insurretos de Pernambuco (1645-1654), as tropas mascates (1710), os sublevados de Vila Rica (1720), os conjurados "alfaiates" (1798), os rebeldes de 1817 (Pernambuco), o exército da Confederação do Equador (1824) e da independência (1822-1823), os cabanos (1834-1840), os balaios (1838-1841), os sabinos (1837-1838) e, enfim, os farrapos (1835-1845) e praieiros (1848-1849). **(20)**

Qualquer delas pode ser tomada como exemplo de participação do negro em revoltas de outrem, a que ele imprimia, por vezes, o seu selo mas que o frustrava sempre. É o caso da Conjuração dos Alfaiates (1798), na Bahia. Conspiração libertária, de alguma influência francesa, começou nos círculos intelectuais, maçons, de Salvador, atraindo diversos pretos forros (sobretudo soldados e alfaiates) e *escravos de ganho* (escravos que trabalhavam em profissões artesanais com certa liberdade e obrigação de entregar ao senhor, periodicamente, certa quantia). A conjuração branca, maçônica, permaneceria nos limites do liberalismo romântico, abstrato, naturista, não fosse a adesão dos pretos, que lhe imprimiram um certo viés social (alguns autores apontarão mesmo o "Socialismo Utópico") e étnico. A repressão, descoberto o movimento, mandou desmembrar o processo (um para os trabalhadores manuais, outro para os letrados), condenando à forca e ao esquartejamento cinco pretos, a que apenas um escaparia, por fuga. **(21)**

Alufás da libertação

Entre os anos de 1807 e 1835 uma sequência de agitações, tópicas algumas, graves outras, sacudiu a cidade de Salvador, ex-capital da Colônia. Foram levantes exclusivos de negros — livres e escravos — pela tomada do poder; não puseram em risco o sistema, é verdade, mas, pelo menos na última, ameaçaram a segurança do governo. Passaram à história como rebeliões *malês* (que significava negros islamizados, hauçás e nagôs, sobretudo, praticantes do islamismo).

Na Salvador do começo do século 19 (50 mil habitantes), em que Vilhena distinguia sete camadas sociais, era numerosíssima a presença de negros sudaneses, em geral *escravos de ganho* e *pretos forros* — do Benim, do Togo, de Gana e da Nigéria atuais. Boa parcela, difícil de medir, eram crentes do Islã, possuindo mesquitas, escolas alcorânicas e imanado. Em seu seio eclodiram as *rebeliões malês*. É comum agrupá-las em dois ciclos: o primeiro reunindo as que abortam, entre 1807 e 1814; o segundo, as de 1822 a 1835, em destaque a última, a "grande insurreição". Uma distinção antiga, *rebeliões hauçás*, as do primeiro ciclo; *nagôs*, as do segundo, caiu em desuso.

A rebelião de 1807 foi natimorta, ainda que revelasse uma organização cuidadosa: com capitão para cada bairro da cidade, se subordinava a um "embaixador", este com função executiva. Devia eclodir no dia de Corpus Christi, mas só provocou pânico na elite dos senhores e autoridades e, naturalmente, indiscriminada repressão. Assim também a do ano seguinte que produziu, no entanto, incipiente aliança de escravos da capital com os do Recôncavo, além de revelar a ação da *sociedade ogboni*, secreta. **(22)**

Em 1814 aconteceram duas. Na de fevereiro, 600 trabalhadores em armações investem contra a capital, atacam fazendas e engenhos, conseguem a adesão de um punhado de escravos de Itapoã (povoado então independente), para terminar com cinquenta e tantos rebeldes e treze brancos mortos e inúmeros suicídios no Rio Joanes.

A de maio mereceria melhor o título de conspiração: o Conde dos Arcos recebeu denúncia de "um grande levante dos hauçás" para o dia de São João. Diversas etnias, concentradas em "cantos" da cidade, pareciam implicadas, com provável articulação no Recôncavo. Na versão policial, o plano geral da insurreição consistia em aproveitar a noite de festa para atacar a estratégica Casa da Pólvora, em Matatu, concomitantemente a um ataque à sede do governo e degola dos brancos. A costumeira delação levou a 39 condenações de malês, a 12 mortes na prisão, a 4 execuções capitais, a inúmeros açoitados e alguns deportados. Estas agitações de 1814 é que motivaram a famosa polêmica entre o regente D. João e o Conde dos Arcos, a propósito dos batuques. **(23)**

Um segundo ciclo de rebeliões (dito nagô) começa, no ano da proclamação da independência, na vila de São Mateus; pouco se sabe todavia: fez-se devassa e dois pretos foram acusados. Nos oito anos seguintes, há como uma obsessão das autoridades em descobrir levantes, mas a existência de quilombos ativos nas vizinhanças de Salvador a justifica.

Até que em abril de 1830, prolongando em nível superior esse movimento surdo, eclode, talvez de improviso, uma rebelião violenta e curta. Ela começa com 18 rebeldes e termina com mais de centena; os cabeças, nagôs muçulmanos, se vestem com camisas azuis e vermelhas; ao que parece não tinham plano meditado e foram desbaratados, com perto de 50 baixas. Seguiu-se o terror da repressão — "jubileu de sangue", como escreveu alguém —, indiscriminadamente sobre escravos e negros em geral.

1935: a grande insurreição

Até onde puderam os especialistas apurar, foi a de 1835 cuidadosamente planejada. Um certo Clube da Barra, secreto, articulou adesões e ordenou os passos necessários fora da cidade.

Seus membros se vestiam de branco, eram de *nação* nagô, com alguns tapas, utilizavam *capitães* como intermediários e decidiram que inimigos eram todos os "brancos, pardos e crioulos" infiéis. A razoável documentação deste levante de 1835 permite mesmo saber — coisa rara — os prenomes de alguns líderes do Clube da Barra: Jamil, Diogo, James, quase todos escravos de negociantes ingleses.

Para articular os rebeldes da cidade (acantonados na Ladeira da Praça, no Convento das Mercês, em Guadalupe, na Vitória, Cruzeiro de São Francisco, Beco dos Tamoeiros, Beco do Grelo, etc.) estavam os *alufás* e seus próximos — Luís Sanim, Pacífico Licutan, Elesbão Dandará, Manuel Calafate, Buremá, Conrado, Ambrósio, José Saraiva, Engrácia, Luisa Mahin e diversos outros; alguns desses com missão de articular escravos do Recôncavo, e, ao que se presume, de Pernambuco.

O plano de ação, cuidadoso, como se disse, assinava-o um certo Mala Abubaker: partiria um grupo da Vitória para "tomar a terra e matar toda gente da terra de branco"; rumaria para Água dos Meninos e para o Cabrito, onde faria junção com outras forças e negros baixados dos engenhos. Delatando-os, por motivos amorosos, a preta Guilhermina, tiveram de precipitar a ação para a noite de 24 de janeiro. Duros conflitos excederam quaisquer dos anteriores. Entre escravos e libertos a repressão capturou 281, sendo 5 condenados à morte e diversos ao açoite. **(24)**

Ainda em 1844 ocorria uma "rebelião malê", como conta perdida de um comprido rosário. Os efeitos da repressão foram muitos, naturalmente, e, entre eles, uma deportação de crentes do Islã para a África. **(25)** Mesmo sobrevivendo por 60 anos após, o Islã Negro recebera no Brasil um golpe mortal. **(26)**

Com essas "rebeliões malês" estamos diante de um caso exemplar de interseção dos planos historiográfico e étnico. Não despertaram elas maior interesse dos estudiosos até que, manipulando dados escassos e incertos, os afoxês de Salvador, por um lado, e os movimentos negros, por outro, forçaram o seu resgate. Cresceu consideravelmente a massa de informações sobre elas.

Notas do capítulo

(1) A escravidão de negros, amplamente majoritária, faz esquecer a escravidão de índios que foi, no entanto, a maior da América, cessando apenas na metade do século 18.

Sobre a inferioridade do índio *como escravo* em comparação com o africano; e sobre o impacto da escravidão sobre as sociedades indígenas:

"Dessa forma, só excepcionalmente o escravo indígena alcançou o nível usual de mercadoria tecnicamente qualificada como ocorreu com os escravos africanos importados. As circunstâncias em que se dava o seu aprisionamento impediam que houvesse um controle da rentabilidade eventual da força de trabalho indígena, exceção da etapa dominada pela comercialização dos escravos *missioneiros* realizada pelos bandeirantes vicentinos. Sendo utilizada em áreas econômicas de baixa produtividade e onde faltavam os recursos financeiros iniciais para a instalação de engenhos, isso determinava uma exploração predatória e brutal que diminuía consideravelmente o período de vida útil de escravo indígena. Além das práticas escravizadoras, para isso também concorreram a desadaptação alimentar, a falta de defesas orgânicas contra as doenças trazidas por efeito da colonização, como, por exemplo, a varíola, que devastou os estabelecimentos missioneiros da Bahia no século 16. Por outro lado, o desenvolvimento das forças produtivas limitava a expansão demográfica dessas unidades tribais quase todas nômades ou semi-nômades, muitas delas realizando práticas ideológicas de aborto e suicídio rituais. A intervenção dos agentes da dominação colonial estimulou esses deslocamentos como ocorreu com os tupinambás que fugiam às represálias do Estado Português e, em menos de um século, abandonaram o litoral da Bahia e de Pernambuco para se estabelecerem no Maranhão e dali buscar refúgio no Vale Amazônico. Ou então o caso dos terenas, cujo universo mítico guarda lembranças que permitem identificá-los com os remanescentes dos antigos tamoios, escapados ao morticínio determinado pelo Governador da Repartição do Sul, Antônio Salema."

ALBUQUERQUE, Manoel Maurício de. **Pequena história da formação social brasileira**. 2. ed. Rio de Janeiro: Graal, 1981. (p. 28 e 29)

(2) Sobre o comportamento divergente do negro, escravo ou liberto, na guerra de independência:

"A população da Bahia, em 1824, era composta de 192.000 brancos, 13.000 índios, 80.000 livres de cor, 35.000 escravos de cor, 489.000 negros escravos e 49.000 negros forros. A maioria esmagadora da população escrava e de negros no conjunto da sociedade levava as autoridades, lusitanas à suposição de que essa enorme massa populacional, no momento em que fosse convenientemente dirigida, se voltaria contra os seus senhores. No entanto, tal não aconteceu. Pelo contrário. Apesar das arbitrariedades injustificadas de Labatut, do lado brasileiro, mandando fuzilar cerca de cinquenta negros, sendo outros açoitados, porque estavam, segundo ele, lutando ao lado do inimigo, o grande contingente de negros que lutou foi ao lado dos brasileiros.

Aliás, as arbitrariedades de Labatut — que hoje uma análise imparcial não justifica — não se circunscreveram ao fuzilamento sumário desses negros. Durante a sua permanência à frente das tropas, o mercenário francês não teve mãos a medir. Sua conduta arbitrária levou-o a entrar em choque com os brasileiros. O governo de Cachoeira — onde se iniciara a resistência contra Portugal — acusou-o de vários crimes, como de arcabuzar paisanos 'sem figura de juízo' (sem julgamento), fuzilar soldados, castigar oficiais com desonra, sem proceder a conselho de guerra e mandar 'barbaramente metralhar 52 negros apanhados em quilombos com flechas, e espingardas, ao mesmo tempo que está organizando e disciplinando uma companhia de negros até africanos' (...).

De fato, Labatut, ao tempo em que procedia dessa forma com os negros aquilombados os quais, para ele, estavam lutando ao lado do inimigo, solicitava ao Conselho Interino do Governo a formação de corpos de primeira linha constituídos de escravos 'visto que estes indivíduos' — são palavras suas — 'se tornam soldados conseguindo a liberdade, como me convenço experimentalmente com a conduta dos libertos do Imperador, que disciplinei e instruí' (...).

O Batalhão dos Libertos adquiriu, mesmo, durante as operações, um cartel de heroísmo ponderável, em consequência do seu procedimento nas inúmeras vezes em que foi chamado a atuar.

Mas a esta altura os Henriques (tropas compostas de negros) já se encontrava em franca atividade militar, ao lado dos brasileiros, sob o comando do Major Manoel Gonçalves da Silva, que tinha, sob suas ordens, 1.100 homens que participaram de quase todas as batalhas travadas pelo Exército Pacificador."

> MOURA, Clóvis. Independência do Brasil, Os escravos na. In: MOURA, Clóvis. **Dicionário da escravidão negra no Brasil**. São Paulo: EDUSP, 2004. p. 206-207.

Ler também:

> RODRIGUES, José Honório. **Independência: revolução e contra-revolução**. v. 4. Rio de Janeiro: Francisco Alves; São Paulo: USP, 1976. (5 v.)
>
> AMARAL, Brás do. **História da independência da Bahia**. Salvador: Progresso, 1957.
>
> FERRAZ, Aidano do Couto. O escravo negro na revolução da independência da Bahia. **Revista do Arquivo Municipal**, São Paulo, ano 5, v. 56, abr. 1939.
>
> SANTOS, Joel Rufino dos. **O dia em que o povo ganhou**. Rio de Janeiro: Civilização Brasileira, 1978.

(3) Sobre o papel da rebeldia negra na Abolição, ler entre outros:

> GORENDER, Jacob. **O escravismo colonial**. São Paulo: Ática, 1980. (especialmente capítulo 27)
>
> LIMA, Lana Lange da Gama. **Rebeldia negra e abolicionismo**. Rio de Janeiro: Achiamé, 1981.
>
> CARDOSO, Ciro Flamarion S. Sobre los modos de producción coloniales de América. In: ASSADOURIAN, C. S. et al. **Modos de producción em America Latina**. Buenos Aires, Argentina: Cuadernos de Pasado y Presente, 1973.

(4) Sobre quilombos no Pará, na metade do século 19:

O relatório do Dr. José da Silva Carrão (presidente da província do Pará), entre outros, tem uma particular importância, pela visão do conjunto:

"É sabido que existem na província quilombos consideráveis, em que vivem acoutados não somente escravos fugidos, mas também desertores, criminosos, malfeitores de todo o gênero. Segundo as informações que tenho colhido, o número de escravos que neles existem é superior a 2 mil. Fazendeiros possuidores de escravos têm-me comunicado o estado anormal em que a existência conhecida de tais quilombos os têm colocado, impossibilitando a disciplina, pelo fundado receio da fuga, e acoutamento certo nesses lugares, onde os fugitivos encontram segurança contra qualquer tentativa de apreensão. (...) Sem mencionar o que existe em Amapá e que é reputado conter avultado número, são tidos como os mais consideráveis os que existem nas cabeceiras do rio Trombetas, no Município de Óbidos; nas do rio Anajás, município de Muaná em Marajó; na margem do Tabatinga em Carnetá; e na margem do Guamá. Estes quatro são os que podem sem grandes dificuldades ser atacados, e que julga-se geralmente conter o número acima. (...). Existia nessa ocasião outro em Maçajuba, na proximidade da capital, porém menos considerável que os primeiros."

SALLES, Vicente. O negro no Pará. Rio de Janeiro: Fundação Getúlio Vargas; Belém: Universidade Federal do Pará, 1971. (p. 216)

Sobre quilombos no Rio Grande do Sul:

"A fuga do escravo 'gaúcho', ao contrário do resto do Brasil, era facilitada por uma especialidade dos nossos territórios. A partir da abolição da escravatura na América 'castelhana', os hodiernos territórios do Uruguai e Argentina constituíam uma verdadeira "fronteira da liberdade". E isto, por outros motivos, já era, até certo ponto, válido antes mesmo da independência de nossos vizinhos. Encontramos, hora por hora, anúncios de escravos fugidos nos jornais da época, que afirmam julgar que os 'ditos' tenham-se dirigido para a fronteira.

Alcançadas as Missões, Entre Rios ou a Banda Oriental, o antigo escravo pode então ser incorporado como peão, agregado ou assalariado e viver assim as alegrias, e os dissabores, deste tipo de liberdade. Mas, nestas terras, outras atividades também abrir-se-ão diante de seus olhos. É Saint-Hilaire que anota: 'é voz geral que os mais valentes soldados de Artigas são os negros fugidos, (o) que é natural porque eles se batem por sua liberdade.' O mesmo autor agrega ainda que um dos motivos alegados para a abertura das hostilidades teria sido 'a proteção que Artigas dava aos negros fugidos da Capitania'.

Mas devido aos controles dos caminhos, ao desconhecimento das vias de fuga, à distância da fronteira ou talvez até mesmo ao amor pelas terras do sul ou nenhuma vontade de se transformar em 'peão', o certo é que nem todo 'fujão' dirigia-se para as fronteiras. Fugia então para constituir, perto ou longe da residência de seu antigo amo, seu quilombo. Vivia então como produtor livre. É claro que estes quilombos, devido às particularidades ecológicas, devido a uma colonização tardia e retardada introdução da mão de obra escrava significativa (últimas décadas do século 18), não assumirão eles aqui a mesma significação e magnitude como em outras regiões do Brasil. (...) Os indícios que nos permitem vislumbrar a existência de quilombos e quilombolas no sul são vários, mas dispersos. Alguns deles podem orientar no entanto, em algo, nossas investigações. "No art. 20 do Código de Posturas da Cidade de São Leopoldo, no Rio Grande do Sul, aprovado pela Lei Provincial n. 157, de 9 de agosto de 1848, lê-se que: 'Por quilombo entender-se-á a reunião no mato ou em lugar oculto, de mais de três escravos' (...). O radicalismo desta lei, por exemplo, possivelmente aprovada a nível provincial, sob a influência dos acontecimentos de Pelotas, talvez não só fale da existência de concentrações quilombolas na região, como também da reduzida magnitude que assumirão elas nas terras de São Pedro."

MAESTRI FILHO, Mário José. O escravo gaúcho. **Correio do Povo**, Porto Alegre, 10 mar. 1979.

(5) CARDOSO, Fernando Henrique. **Capitalismo e escravidão no Brasil meridional**: o negro na sociedade escravocrata do Rio Grande do Sul). 2. ed. Rio de Janeiro: Paz e Terra, 1977. (p. 126-125)

(6) Sobre o caráter não revolucionário da rebeldia negra:

"Os limites sociais da revolução são fixados pelas limitações objetivas do desenvolvimento das forças produtivas (...) Nas formações escravistas ou feudais, os oprimidos e explorados não podiam se constituir em classes revolucionárias — classes a se converterem em agentes de transformações radicais. (...) Apenas na medida em que não tinham capacidade de promover a ruptura total do sistema e em seu lugar criar outro mais progressista, deixaram de constituir uma classe revolucionária. Em outras palavras suas lutas estavam privadas de perspectivas."

FREITAS, Décio. **O escravismo brasileiro**. Porto Alegre: Est/ICP, 1980. (p. 164)

E ainda:

Décio Freitas é de opinião que todos os tipos de transformações sociais contribuíram para a supressão da escravatura.

"Marxistas ou não, todos estão de acordo em que a substituição de um sistema econômico-social por outro é uma revolução." E por isso, com a abolição, "um sistema de produção social baseado no trabalho escravo foi substituído por um sistema baseado no trabalho livre. No entanto, a conceituação desta mudança como revolução social suscita imediatamente espanto, pois uma revolução social é, por definição, libertária dos oprimidos, que experimentam um grande progresso em suas condições econômicas e sociais".

Apesar disso — segundo ele ressalta — "sabemos o que foi a condição da massa negra depois da abolição: ganharam a liberdade jurídica, porém continuaram párias da sociedade brasileira." E é o próprio Décio Freitas quem indaga, "mas que diabo de revolução social foi esta, então?" Ao responder, usa um conceito a-histórico e abstrato de revolução social, generalizando e universalizando um conceito que apenas é aplicável às revoluções modernas, como a socialista e a capitalista, que operam uma transformação radical na sociedade, mudando tudo, de alto a baixo, escrevendo uma história inteiramente nova.

FREITAS, Décio. Entrevista a Evilázio de Oliveira. **Folha de São Paulo**, 12 maio 1970.

Sobre o conceito de *revolução arcaica*:

De acordo com Décio Freitas, as revoluções sociais das sociedades pré-capitalistas nunca implicaram historicamente num salto qualitativo desta espécie. Nelas, a mudança sempre foi parcial e limitada, escassamente progressista e libertária. Por isso são denominadas de revoluções sociais do tipo arcaico, para distingui-las das revoluções modernas.

No livro *Abolição — revolução arcaica*, ele parte da tese de que as formações sociais escravistas, tanto as da antiguidade clássica como as dos tempos modernos, constituem uma exceção à lei histórica das revoluções sociais, a de que a mudança social é um produto das contradições internas da sociedade.

Apesar de serem muito mais numerosos que os não escravos, não constituíam os escravos uma classe social capaz de se libertar por suas próprias forças e criar uma sociedade superior." Décio explica que isso nada tinha a ver com fatores étnicos, pois basta ver que no mundo antigo, por exemplo, os escravos eram perfeitamente brancos, gregos, germânicos, gauleses, eslavos.

A causa provinha da debilidade como classe social: falta de unidade étnica, dispersão geográfica, transitoriedade de participação na classe, e, finalmente, completo isolamento social em um tipo de sociedade em que todos os não escravos, ainda os mais pobres, se identificavam com os interesses da exploração escravista.

Nas rebeliões eles eram elementares, dispersivos e repetitivos, desprovidos de perspectiva histórica. Para Décio Freitas, "os sistemas escravistas somente desapareciam com o resultado de uma intervenção externa: em Roma, a invasão das hordas (bárbaras); no sul dos Estados Unidos, as baionetas da burguesia nortista; no Brasil, a pressão dos interesses ingleses.

Os sistemas escravistas seriam eternos se pudessem contar com o fluxo ininterrupto de tráfico, segundo Décio Freitas, uma vez que não existiam fatores internos de mudanças. "Jamais um sistema escravista desapareceu em consequência de uma insurreição geral de escravos, mas de um lento processo de decomposição". Ele soa como um filósofo da história: "Eram revoluções sociais nas quais não haviam vencidos nem vencedores. Os escravos não saíram vencedores e os amos não saíram vencidos. O arcaísmo escravista pariu uma sociedade igualmente arcaica, origem das desgraças que nos assolam."

Embora impotentes para derrubar o sistema escravista, os negros lutaram bravamente contra ele, em várias rebeliões que configuraram, em conjunto, uma obscura e desconhecida epopeia. Estas lutas tiveram grandes heróis, como Zumbi, general de Palmares, assassinado traiçoeiramente no dia 20 de novembro de 1695. Ou então os negros Jorge, José, Gonçalo, Joaquim e Pedro, fuzilados em Salvador no dia 14 de maio de 1835, por haverem chefiado uma rebelião. Ou, ainda, o negro Cosme, o caudilho dos escravos do Maranhão, enforcado em 1838.

IDEM, Ibidem.

Sobre raridade da insurreição e significado do quilombo:

"É esta resistência ininterrupta que opunha o escravo ao senhor de escravo que constituir-se-á no eixo central dos 300 primeiros anos da nossa história social.

Embora conheçamos algumas tentativas insurreicionais de escravos urbanos ou rurais, esta não será, no entanto, a forma característica que assumirá a resistência do escravo. A tentativa insurreicional, ato superior de rebelião, onde não só se conquista uma liberdade de fato, como também se procura destruir a própria origem da opressão, a sociedade escravocrata, foi um acontecimento particular na nossa história. A diversidade de origem do africano escravizado (e, portanto, de língua, cultura, civilização, etc.) não era o único elemento a dificultar a organização coletiva dos escravos. A relativa dispersão geográfica das concentrações de mão de obra escrava, a vigilância do senhor de escravo, de sua polícia, de seu exército, a denúncia, o controle ideológico da Igreja, etc. eram também sérios empecilhos para uma operação como esta. Mesmo assim teremos tentativas como a de Pelotas em 1848 ou as de São Salvador da Bahia (de 1807 a 1835).

A forma mais característica de resistência ao escravismo, foi, sem dúvida, a fuga e a posterior constituição de 'mocambos' ou 'quilombos'. São estes dois nomes que designarão sucessivamente, antes e depois do século 17, as concentrações habitacionais dos escravos fugidos que procuravam assim constituir uma sociedade 'paralela' (e contraditória) à sociedade 'oficial'. É neste sentido que podemos dizer que o 'quilombo' (povoação, aldeia, acampamento — kimbundu) 'era algo mais que uma simples tática de luta: era uma sociedade econômica, social e política organizada, à margem da sociedade escravista. Exercia domínio sobre um determinado território e possuía uma economia bastante complexa — policultura, artesanato, trocas comerciais, etc'.

O escravo fugido podia então, protegido pelas matas, por um relevo difícil ou pelas suas próprias armas, organizar sua vida como produtor independente, ou seja, dono no geral do produto de seu trabalho; produto este que, muitas vezes, chegará a entrar no próprio circuito comercial 'oficial' (colonial ou Imperial). Porém, não era só o fato de levantar uma casa, uma paliçada, plantar suas roças, armar suas arapucas, que garantir-lhe-á sua liberdade. Inevitavelmente, estruturava-se entre o 'quilombo' e a sociedade escravista uma contraditória dinâmica que só encontraria solução com a eliminação de um dos polos em oposição. Esta oposição articula-se a diversos níveis.

Quando o quilombo era populoso, quando expandia-se, questionava já um dos grandes pressupostos da economia da Colônia e do Império: o monopólio da terra por parte das classes detentoras do poder. A própria ocupação do terreno, sua *mise en valeur* já era um elemento que criava as condições para uma intervenção armada de parte da sociedade 'dominante'. Edson Carneiro, descrevendo Palmares nos diz: 'A partir de 1677 (...) a campanha tomou um caráter de luta pela posse da terra dos Palmares — consideradas unanimemente, as melhores de toda a capitania de Pernambuco. O pedido de paz do rei Ganga-Zumba, em 1678, trazendo a esperança de cessação dos combates, fez com que várias pessoas(...) pedissem e obtivessem sesmarias(...) 'sem lhes haver custado mais que pedi-las'(...)

Mas não era só a terra, valorizada pela ocupação produtiva, que opunha 'quilombo' e sociedade escravista. O africano ou afro-brasileiro, não esqueçamos, era 'valor'. Quanto maior a importância da aglomeração, tanto maior era a cobiça dos escravizadores. E, ainda que os 'direitos dos proprietários' não fossem perdidos com a fuga, sempre se encontrou as melhores maneiras para bem remunerar esses ambiciosos 'negreiros de terra firme' sempre dispostos à caça ao homem. Mas o que obrigava os senhores a uma luta à morte com as concentrações de escravos fugidos era, antes de tudo, um problema 'político'. Esta sociedade afro-brasileira, o quilombo, que irmanava os oprimidos de então, era uma forte ameaça à 'ordem social vigente'. Era ela um eterno atrativo para o homem escravizado que encontrava ali uma possibilidade concreta de solução de suas misérias. É, portanto, um perigo objetivo e real para a organização escravista. E ainda mais, transforma-se o quilombo em referencial que ultrapassou as barreiras sociais sobre as quais constituiu-se, pois começou a atrair não só escravos, mas libertos, índios, ou seja, os párias da sociedade de então. Gaspar Barleus referia-se a 'salteadores' que acorriam aos mocambos e à expedição de Rodolfo Baro (1644), entre os prisioneiros que fez nos Palmares Grandes, encontrou sete índios e alguns mulatos de menor idade. Cinquenta anos mais tarde, a situação não se modifica muito, pois o governador Melo e Castro, contando o ataque final ao Oiteiro do Barriga (1694), referia-se a 'mulatos faccinorosos' que aconselhavam os negros e até mesmo a um mouro, 'que para eles fugiu' (...)."

MAESTRI FILHO, Mário José. O escravo gaúcho. **Correio do Povo**, Porto Alegre, 10 mar. 1979.

(7) Sobre a especificidade da luta de classes no *modo de produção escravista* colonial e o papel da rebeldia negra na sua superação:

"A diversidade de transição entre os distintos modos classistas que a Humanidade conheceu encontra sua unidade essencial na oposição e na luta entre produtores diretos e não produtores pelo trabalho excedente produzido por aqueles. Ou seja, a lei geral que rege o crescimento produtivo-tecnológico da sociedade através do esgotamento das possibilidades de desenvolvimento desta última nos quadros de relações sociais de produção dadas a partir de um nível de desenvolvimento das forças produtivas. E isto quando estas relações sociais de produção tornam-se um entrave para o desenvolvimento das forças produtivas em crescimento.(...)

Esta verdadeira guerra de 'guerrilhas' que vicejou permanentemente enquanto durou a ordem escravista é responsável pela destruição da produção escravista. Não em um sentido positivo, mas sim negativo. O que fecundaria como novo conteúdo a definição cunhada por Sérgio Buarque de Holanda para o escravo: um 'figurante mudo'.

O caso norte-americano é, talvez, a melhor ilustração deste fenômeno. Lado a lado concorriam, em uma mesma formação social, capitalismo e escravismo. A futura superioridade do capitalismo, que resulta na vitória do Norte sobre o Sul, quando da guerra de Secessão, não é um dado inicial. Nas primeiras décadas do século 19, o escravismo sulino é extremamente pujante. Porém, na medida em que se desenvolve o Norte, o Sul vegeta num crescimento basicamente quantitativo. Todo seu esforço por uma superação qualitativa, como demonstra minuciosamente Eugene Genovese

(*L'economie politique de l'esclavage*), estraçalha-se contra a 'qualidade' do trabalho escravo que se adapta pessimamente ao trabalho fabril, à agricultura e ao pastoreio intensivos etc. Por outro lado, os gastos 'Marginais' do escravismo (controle social da massa escrava, reposição da mão de obra, etc.), são também, extremamente elevados, onerando, assim, esta forma de produção (em relação ao capitalismo). A derrota do Sul pelo Norte, em 1865, é impossível de ser explicada a não ser a partir da categoria escravo, que garante a vitória do Norte. Mas a garante permanencendo... escravo, e não se rebelando. Comparando-se os limites do esforço bélico do Sul — devido fundamentalmente à 'qualidade' do trabalho escravo — à pujança desta atividade do Norte, podemos facilmente compreender como e em que sentido o escravo foi agente deste processo.

Que os fenômenos históricos contingentes que levaram à superação das formações escravistas (tempo conjuntural) possam ter sido exógenos a estas formações, não devem fazer-nos esquecer que esta destruição, em última instância, encontrava-se garantida pelo esgotamento histórico destas formações nos quadros da produção escravista. Esgotamento garantido essencialmente pela incessante resistência das massas escravizadas à escravidão. Que esta resistência tenha assumido fundamentalmente a forma de defesa 'egoísta' da vida biológica ('desamor ao trabalho', 'fuga', etc.) e não movimentos políticos insurrecionais procurando a criação de novas sociedades, é simplesmente irrelevante. Que os 'homens fazem a história, mas ignoram que a fazem' parece ser verdade particularmente pertinente às sociedades pré-capitalistas."

MAESTRI FILHO, Mário José. **Escravidão, luta de classes, transição**. Porto Alegre, 1983. (Mimeo.)

(8) Bom exemplo desta conversão de conhecimento histórico em energia político-ideológica é o *Caderno Especial SINBA*, editado em 1980 pela COOMCIMPRA (Cooperativa Mista de Comunicação e de Imprensa Alternativa), com sede no IPCN (Instituto de Pesquisa das Culturas Negras), Rio de Janeiro. Resumem-se ali dois clássicos da literatura histórica da segunda metade do século 20, *A revolta da Chibata*, de Edmar Morel, de 1963, e *Palmares, a guerra dos escravos*, de Décio Freitas, de 1975. O caderno, cujo lançamento visava a celebrar o aniversário da morte de Zumbi (20 de Novembro) e da Revolta da Chibata (22 de novembro) se intitulou *Descolonização da nossa História: Zumbi e João Cândido*. Eis o que concluem seus anônimos autores:

"Acontece que não bastam estudos científicos e boa vontade para acabar com o racismo. Podemos usar como regra, fato de que somente uma luta de libertação vitoriosa foi capaz de eliminá-lo em quase todas as nações orientais, em algumas nações africanas e algumas poucas nações da América.

Na Europa e nos Estados Unidos os negros sentem bem junto a si o pulsar do coração do imperialismo e sua melhor (única) alternativa, como constatou Stockely Carmichael, em 1966, no auge da luta dos negros norte-americanos, 'a nossa alternativa é nos ligarmos às lutas de libertação dos povos do Terceiro Mundo.'

O Brasil não é uma exceção. Quase um século depois de formalmente terminada a escravidão, ainda continuamos engolindo a 'cascata' de que o racismo e o preconceito que ainda existem no Brasil são 'restos' da escravidão, e que tendem a se acabar com o passar dos tempos.

Nada mais falso. E hoje esta é uma concepção que se presta, como tantas outras, às tentativas de esvaziamento e manipulação do Movimento Negro.

O racismo está presente, porque existem as estruturas que ao mesmo tempo são o seu suporte e o seu resultado, e que permitem a vigência e o pleno funcionamento dos mecanismos que o reproduzem na sociedade.

Zumbi não tinha outra alternativa: ou destruía as estruturas que determinavam a sua escravidão e permitiam a imposição de conceitos de superioridade racial, ou seria destruído.

João Cândido pagou muito caro por ter desmistificado estes conceitos com sua ação.

Nenhum dos dois optou pela luta apenas por seus problemas pessoais. Nem João Cândido havia sido punido com castigos corporais, nem Zumbi estava excluído dos benefícios concedidos pelo Acordo feito por Ganga Zumba, já que nascera em Palmares. Mas pela sua lucidez e por seu caráter eles incorporaram as necessidades mais profundas do seu grupo social. Se despiram, portanto, do exclusivismo das suas condições pessoais e assumiram decididamente uma consciência de classe.

Fizeram a História, mas não contaram com as condições necessárias para transformar a sociedade e fazer valer as conquistas dos seus movimentos.

O Movimento Negro, hoje, é chamado a cumprir a destinação das grandes lutas que o antecederam. Além de fazer História, terá que se situar no conjunto das lutas sociais, como sujeito da transformação social que fará valer todas as suas conquistas, e o seu direito à História."

COOMCIMPRA. Descolonização da nossa História: Zumbi e João Cândido. **Caderno Especial SINBA**, Rio de Janeiro, p. 50, 1980.

Ler, também, como bom exemplo dessa ideologização, a tese de RAMOS, Duvitiliano. I Congresso do Negro Brasileiro. In: NASCIMENTO, Abdias do (Org.). **O negro revoltado**. Rio de Janeiro: Nova Fronteira, 1982. p. 153 e segs.

(9) Sobre o quilombismo como *praxis* afro-brasileira:

"A multiplicação dos quilombos fez deles um autêntico movimento amplo e permanente. Aparentemente um acidente esporádico no começo, rapidamente se transformou de uma improvisação de emergência e metódica e constante vivência das massas africanas que se recusavam à submissão, à exploração e à violência do sistema escravista. O quilombismo se estruturava em formas associativas que tanto podiam estar localizadas no seio de florestas de difícil acesso que facilitava sua defesa e sua organização econômico-social própria, como também assumiram modelos de organização permitidas ou toleradas, frequentemente com estensivas finalidades religiosas (católicas), recreativas, beneficentes, esportivas, culturais ou de auxílio mútuo. Não importam as aparências e os objetivos declarados: fundamentalmente todas elas preencheram uma importante função social para a comunidade negra, desempenhando um papel relevante na sustentação da continuidade africana. Genuínos focos de resistência física e cultural. Objetivamente, essa rede de associações, irmandades, confrarias, clubes, grêmios terreiros, centros, tendas, afoxés, escolas de samba, gafieiras foram e são quilombos legalizados pela sociedade dominante; do outro lado da lei se erguem os quilombos revelados que conhecemos. Porém tanto os permitidos quanto os 'ilegais' foram uma unidade, uma única afirmação humana, étnica e cultural, a um tempo integrando uma prática de libertação e assumindo o comando da própria história. *A este complexo de significações, a esta praxis afro-brasileira, eu denomino de quilombismo*". (São meus os grifos.)

NASCIMENTO, Abdias do. **O quilombismo**. Petrópolis: Vozes, 1980. (p. 255)

(10) Tais comunidades foram, nos últimos anos, objeto de reportagens e pesquisas acadêmicas, mas o seu mapeamento, bem como sua classificação e tipologia, restam por fazer: as comunidades negras rurais mal começam a ser reconhecidas pelas ciências sociais como tais, à diferença das comunidades indígenas e de imigrantes — isto é, ainda que considerando a precariedade geral dos nossos estudos de comunidade, reflexo da pouca valia do negro na sociedade brasileira. (Em 1980, um pesquisador dava notícia de que somente dois centros de pós-graduação em antropologia social, o da USP e o da UNICAMP, se ocupavam do tema. Em 1983 veio se juntar o IPEAFRO, da PUC, de São Paulo, que conduziu uma pesquisa nacional visando, precisamente, a mapear os quilombos contemporâneos. Considerando a relevância do tema, é quase nada.)

(11) Sobre a singularidade das comunidades rurais negras e sua contraposição à sociedade regional:

"Uma vez admitida a singularidade das comunidades rurais negras do Brasil, forçosamente temos que admitir que elas estão em franca oposição a sua sociedade regional. O estudo de uma comunidade negra rural deve ser acompanhado de um amplo estudo da sociedade regional. No caso específico da comunidade negra dos 'Arturos', sobre a qual falamos brevemente na primeira parte, tivemos que admitir que esta comunidade só era comunidade porque se contrapunha a uma sociedade local representada pelo município de Contagem. Este, em sua evolução, era, durante o Império e a primeira República, satélite da cidade de Sabará; com a mudança da Capital de Ouro Preto para Belo Horizonte no início da segunda década do século e seu desenvolvimento acelerado, Contagem passou a depender da história de Belo Horizonte. Da mesma forma, para entendermos a comunidade negra de Pinhões temos que entender pelo menos do município de Santa Luzia; para entender a comunidade de Coqueiro e Sapé, teremos que entender do município de Moeda, e assim por diante."

SABARÁ, Romeu. **Comunidades rurais negras no Brasil, um novo campo de estudos monográficos**. Comunicação apresentada ao Encontro Nacional da Associação de Pós-Graduação em Ciências Sociais, Rio de Janeiro, 1980. Mimeo, p. 17.

Sobre a danação que é estar "desterrado da família", o mesmo pesquisador revelou um curioso ritual, a "festa da carpina entre os Arturos", no Município de Contagem, vizinho a Belo Horizonte. Nele, o João do Mato, que investe contra o mutirão dos negros, no seu encerramento, é a dramatização do fugitivo solitário, errante da selva. João do Mato é vencido, e a comunidade celebra então, o triunfo da ordem quilombola sobre o rebelde isolado. João do Mato é também, visivelmente, o eco dos rituais africanos, em que se afirmava, simbolicamente, a vitória da agricultura sobre o extrativismo.

(12) Vários autores fizeram notar este recalque da religiosidade ancestral. Sobre duas formas "residuais" dela, a feitiçaria e a quimbanda:

"A macumba paulista se desagrega como grupo específico negro, perde o seu sentido de organização coletiva e passa a ser exercida por curandeiros e feiticeiros (....) Bastide dá como causa do desaparecimento dos centros de macumba em São Paulo, a perseguição policial. Mas, segundo ele, a macumba não desapareceu completamente: apenas passou de forma coletiva para a forma individual, ao mesmo tempo se degradando de religião em magia. O *macumbeiro* isolado, sinistro, temido como um formidável feiticeiro, substitui, hoje, a *macumba* organizada. (...)

Por isto, a proliferação dos Exus, a sua aceitação cada vez mais por parte daqueles segmentos marginalizados, em outras palavras, a aceitação da Quimbanda dentro da Umbanda parece-nos uma reação contra o seu *branqueamento* e uma tentativa do negro reassumir a liderança religiosa que lhe foi parcialmente tirada."

> MOURA, Clóvis. **Brasil: as raízes do protesto negro**. São Paulo: Global, 1983. (p. 62-63 e 67)

Sobre o catolicismo como elemento integrador do negro:

"Não pretendemos aqui considerar o grau de cristianização atingido pela massa escrava — assunto de que nos ocuparemos em estudo próximo; mas o certo é que, por contágio e pressão social, rapidamente se impregnou o escravo negro, no Brasil, da religião dominante. Aproximou-se por intermédio dela da cultura do senhor; dos

seus padrões de moralidade. Alguns tornam-se tão bons cristãos quanto os senhores; capazes de transmitir às crianças brancas um catolicismo tão puro quanto o que estas receberiam das próprias mães. (...)
Verificou-se entre nós uma profunda confraternização de valores e de sentimentos. Predominantemente coletivistas, os vindos das senzalas; puxando para o individualismo e para o privativismo, os das casas-grandes. Confraternização que dificilmente se teria realizado se outro tipo de cristianismo tivesse dominado a formação social do Brasil; um tipo mais clerical, mais ascético, mais ortodoxo; calvinista ou rigidamente católico; diverso da religião doce, doméstica, de relações quase de família entre os santos e os homens, que das capelas patriarcais das casas-grandes, das igrejas sempre em festas — batizados, casamentos, 'festas de bandeira' de santos, crismas, novenas — presidiu o desenvolvimento social brasileiro. Foi esse cristianismo doméstico, lírico e festivo, de santos compadres, de santas comadres dos homens, de Nossas Senhoras madrinhas dos meninos, que criou nos negros as primeiras ligações espirituais, morais e estéticas com a família e com a cultura brasileira."

FREYRE, Gilberto. **Casa grande e senzala**. 20. ed. Rio de Janeiro: José Olympio, 1980. (p. 354)

Sobre o papel, nesta direção, da Congada:

"Já Koster notara que a instituição dos reis do Congo no Brasil, em vez de tornar os negros refratários à civilização, facilitava esse processo e o da disciplina dos escravos: 'os reis do Congo eleitos no Brasil rezam a Nossa Senhora do

Rosário e trajam à moda dos brancos; eles e os seus súditos conservam, é certo, as danças do seu país: mas nas suas festas admitem-se escravos africanos de outras regiões, crioulos e mulatos que dançam da mesma maneira; essas danças atualmente são mais danças nacionais do Brasil do que da África'. Vê-se quanto foi prudente e sensata a política social seguida no Brasil com relação ao escravo. A religião tornou-se o ponto de encontro e de confraternização entre as duas culturas, a do senhor e a do negro: e nunca uma intransponível ou dura barreira. Os próprios padres proclamavam a vantagem de concederem-se aos negros seus folguedos africanos. Um deles, jesuíta, escrevendo no século 18, aconselhava os senhores não só a permitirem, como a 'acodirem com sua liberalidade' as festas dos pretos. 'Portanto não lhe estranhem o criarem seus reis, cantar e bailar por algumas horas honestamente em alguns dias do ano, e o alegrarem-se honestamente à tarde depois de terem feito pela manhã suas festas de Nossa Senhora do Rosário, de São Benedicto e do orago da capela do engenho (....)."

IDEM, Ibidem, p. 356.

(13) Sobre esta capacidade peculiar ao negro brasileiro de combinar as contingências da sociedade envolvente, a partir da remota herança africana, é boa confirmação um "texto preliminar" de Peter Fry sobre o já célebre quilombo do Cafundó:

"Noutras palavras, o que estamos procurando afirmar é que a cosmologia do Cafundó é a cosmologia do Brasil rural, e até certo ponto do Brasil urbano também. Que *mafambura* e *caxapura* são palavras de 'língua' do Cafundó que traduzem essa realidade. Por mais 'africanas' que sejam na sua origem histórica, são também e ao mesmo tempo brasileiras e contemporâneas. E talvez a sua continuada reprodução tenha a ver justamente com este fato. É nestas palavras que podemos ver o encontro entre dois aspectos da identidade social do Cafundó: a sua 'africanidade' e a sua 'caipiridade'".

FRY, Peter. **Para inglês ver**. Rio de Janeiro: Zahar, 1982. (p.129)

(14) Sobre terreiros de Candomblé como comunidade:

Esses 'terreiros' constituem verdadeiras comunidades que apresentam características especiais. Uma parte dos membros do 'terreiro' habita no local ou nos arredores do mesmo, formando às vezes um bairro, um arraial ou um povoado. Outra parte de seus integrantes mora mais ou menos distantes daí, mas vem com certa regularidade e passa períodos mais ou menos prolongados no 'terreiro' onde eles dispõem às vezes de uma casa ou, na maioria dos casos, de um quarto numa construção que se pode comparar a um 'compound'. O vínculo que se estabelece entre os membros da comunidade não está em função de que eles habitem num espaço: os limites da sociedade egbé não coincidem com os limites físicos do 'terreiro'. O 'terreiro' ultrapassa os limites materiais (por assim dizer, polo de irradiação) para se projetar e permear a sociedade global. Os membros do egbé circulam, deslocam-se, trabalham, têm vínculos com a sociedade global, mas constituem uma comunidade 'flutuante', que concentra e expressa sua própria estrutura nos 'terreiros'.

Na diáspora, o espaço geográfico da África genitora e seus conteúdos culturais foram transferidos e restituídos no 'terreiro'. Fundamentalmente, a utilização do espaço e a estrutura social dos três 'terreiros' tradicionais Nàgó mantiveram-se sem grandes mudanças. Por sua extensão, reputação e organização complexa, o Àse Òpó Afònjá da 'roça' de São Gonçalo do Retiro constitui um modelo exemplar.

'Compound' é um termo comumente aplicado na Nigéria a um lugar de residência que compreende um grupo de casas ou de apartamentos ocupados por famílias individuais relacionadas entre si por parentesco consanguíneo. Em Nàgó ele tem o nome de agbo-ilé, que quer dizer, literalmente, 'conjunto de casas'."

ELBEIN, Juana. **Os nago e a morte**. 2. ed. Petrópolis: Vozes, 1977. (p. 32-33)

(15) Em livro, sobre Palmares:

RODRIGUES, Nina. **Os africanos no Brasil**. São Paulo: Nacional, 1935.

FREITAS, M.M. **O reino de Palmares**. Rio de Janeiro: Bibloteca do Exército, 1954.

CARNEIRO, Edison. **O quilombo de Palmares**. São Paulo: Nacional, 1958.

FREITAS, Décio. **Palmares, a guerra dos escravos**. 5. ed. Rio de Janeiro: Autêntica, 1982.

(16) Sobre o marronage (de *cimarron*, animal doméstico que se torna selvagem), na América:

"*Marrons e corsários* (séculos 16–19)

Com os Negros marrons a mandarem em Nombre de Dios, na rota do Panamá e a controlarem o tráfico do México para Vera Cruz, é todo um sistema que estremece, é toda uma América que, no século 19, começa a escapar aos Espanhóis. Contando com o apoio destes Negros rebeldes, os aventureiros europeus, ingleses, franceses e holandeses corroem as malhas da rede que envolve o monopólio espanhol. Os Negros armam-se e defendem-se melhor, como, por exemplo, na região dos istmos. Constróem palenques na terra firme, na Venezuela, e na Colômbia, e constituem grupos ameaçadores, os quais desempenham um papel importante nos movimentos de libertação destes países no fim do século 18 e na primeira metade do século 19. Basta citar, na Venezuela, o papel tido pelos Negros marrons na quase ilha de Coro, cujas insurreições foram determinantes para a edificação da nação venezuelana.

Negros marrons das Caraíbas
É possível distinguir, no arquipélago das Antilhas, vários sectores onde surgiram revoltas de escravos:
– O arquipélago das Pequenas Antilhas (ilhas Leeward e Windward) nos séculos 17–18;
– A Jamaica inglesa, de 1655 a 1860;
– Os palenques de Cuba e os levantamentos de escravos, do século 16 ao século ao século 19. É no quadro do processo da revolta dos Negros marrons que devem ser estudadas as guerras da segunda metade do século (guerra dos dez anos e guerra de 1898), em que se distinguiram as tropas de Negros comandadas por António Maceo;
– Os levantamentos de escravos em Santo Domingo, desde a época de La Española e da revolta de Enriquillo, no início do século 16, dificilmente dominada pela Espanha, até à destruição do sistema escravagista;

– A resistência dos Negros à ocupação francesa do Haiti, desde a segunda metade do século 16 até à guerra conduzida por Toussaint Louverture, de 1790 a 1803, que permitiu que o Haiti se libertasse do regime colonial pelas armas.

Comunidades de Negros na Guiana
Desde meados do século 17 que Negros, fugindo das Plantações do Suriname, se tinham refugiado na floresta virgem e se haviam organizado com a ajuda dos índios. Foram feitas várias tentativas por parte dos Holandeses para esmagar os bandos de escravos evadidos (governo de Sommeosdijk). Mas o número de escravos rebeldes não parou de crescer, passando de 6.000 em 1725-1730 para 8.000 no fim do século. Batidos no terreno, os Holandeses foram obrigados, tal como os Ingleses na Jamaica, a concluir um tratado de paz com os chefes dos Negros rebeldes. Em 1760, o governador Crommelin empenhou-se em retomar as ofertas de paz aos marrons ao longo de Djuka Creek. A 22 de Maio de 1761, foi celebrada a paz com os Djuka e, em Outubro, o major Meyer confirmou de novo a paz oficial com os dois chefes mais importantes dos Djuka: Arabi e Pamo. Um ano mais tarde, a 18 de Setembro de 1762, os Saramaccaners assinaram uma paz nas mesmas condições, e o grupo Becu-Musinga, ou Negros Matuari, comandado pelo chefe Musinga, concluiu uma paz separada com os Holandeses em 1767, e pemaneceu na margem do Saramacca. Estes Negros obtiveram um livre-trânsito através da Vanica Creek para o transporte dos seus produtos.

Insurreições de Afro-Americanos

A história dos Estados Unidos está assinalada por insurreições de escravos a partir da época das Treze Colónias. No século 17 destacam-se as explosões de 1663 e 1687; depois no século 18, só na Virgínia, ocorrem cinco revoltas. Até em Nova Iorque estalam duas insurreições, em 1712 e em 1741. A situação é ainda pior na Carolina do Sul, onde as insurreições se sucedem a uma cadência acelerada: 1720, 1723, 1738, 1739 e 1740. Uma lei sobre o controle dos escravos informa-nos que houve bastantes revoltas antes de 1704.

As conspirações dirigidas por Gabriel em 1800 e Nat Turner em 1831, na Virgínia, são bem conhecidas. No decurso deste período, assinalam-se vários levantamentos na região: 1802 (Nottaway County), 1808 e 1809, 1812, 1814, 1816, 1829, 1856. No Maryland e na Carolina do Norte os levantamentos sucedem-se de igual forma (1802, 1821, 1831, 1845, 1859). Na Carolina do Sul, após as explosões de 1797 e 1816, a insurreição de Denmark Fesey, um Negro originário de Saint-Thomas, em 1822, marca uma data importante na história da resistência dos Afro-Americanos. Na Geórgia há ameaças que perturbam a sociedade em 1810, 1819, 1831, 1834-35, 1851, 1856 e 1860. Na Florida, os Negros revoltam-se em 1820 (Talbot Island) e 1856 (Jacksonville); no Alabama, em 1837; no Mississipi, em 1835.

A Louisiana é igualmente palco de frequentes insurreições: em 1804 (em Nova Orleães), em 1805 (dois levantamentos), em 1811 (perto de 500 Negros avançam sobre Nova Orleães), em 1829, 1835, 1837, 1840, 1841, 1842 e 1856 nas plantações de cana-de-açúcar. O Tenessee, o

Kentucky e o Texas não foram poupados (1831, 1856 e 1857).

Estamos, como é evidente, longe da concepção do Negro submetido ao seu senhor, tal como era apresentada por numerosos autores americanos."

UNESCO. **O tráfico de escravos negros: sécs. 15-19**. Lisboa, Portugal: Edições 70, 1979. (p. 141-144)

(17) Este número vem aumentando depois daquela época, através de iniciativas como o Projeto Resgate. Em 1995, foi assinado um acordo entre Brasil e Portugal, graças ao qual um grande grupo de pesquisadores dos dois países, trabalhando em mais de um centena de instituições dos dois países, identificou, catalogou e digitalizou quase 150 mil documentos referentes ao passado colonial das antigas províncias brasileiras.

SANTOS, Corcino Medeiros dos (Ed.). Dossiê Projeto Resgate, 2ª parte. **História Digital**, Brasília, ano 2, n. 2, 2009.

(18) Sobre o significado elástico do quilombo, é exemplo curioso:

"Penso que não nos dedicamos ainda ao estudo dos quilombos procurando colher as lições que eles nos deixaram. Os quilombos foram verdadeiros centros de educação para a vida. Sua organização era com toda certeza muito mais humana e muito mais avançada do que a existente no meio dos portugueses que nos escravizaram. O que está surgindo hoje entre o povo, com algumas semelhanças com os quilombos, são exatamente as comunidades rurais de cristãos. Com a vantagem de que elas não sofrem uma perseguição tão feroz como a que recaiu sobre os quilombos. Por isso elas não necessitam organizar-se militarmente como os quilombos se organizavam para a própria defesa."

PIRES, D. José Maria. O negro e a educação. **Perspectivas Teológico--Pastorais**, Recife, Ano 1, n. 2, 1982.

Sobre a projeção pan-africanista de Zumbi:

"Zumbi transcendeu as fronteiras do orgulho nacional afro-brasileiro. Seu exemplo pioneiro e memorável dia a dia cresce como ideia força e símbolo de toda a luta Pan--Africanista, da qual foi um militante precursor. Junto do seu nome se inscrevem os nomes daqueles outros lutadores que nas Américas doaram seu esforço e sua vida para um futuro de liberdade e dignidade humana para o negro-africano. Os cimarrões, ou quilombolas dos países dominados pela Espanha: já em 1522 os africanos escravizados se revoltaram em Santo Domingo, e em 1550 em Cuba, onde mais tarde surgiria a figura gigante do general Antônio Maceo. Na Jamaica, em 1655 iniciam-se os levantes dos *marroons*, e em 1760 ocorre a extraordinária revolta liderada por Tacky (...) Em 1763 explodiu a chamada Revolução Berbice, nas Guianas (...) Gabriel Prosser, na Vigínia (...) Denmark Vesey, Charleston 1822 (...) em 1831, conduzida por Nat Turner. No movimento de libertação na América do Norte sobressaiu-se uma mulher negra invulgar: Sojouner Thuth."

NASCIMENTO, Abdias do. Zumbi: precursor militante do pan-africanismo. **Singular & Plural**, São Paulo, n. l, dez. 1978.

(19) Sobre a distinção entre escravo como classe e escravo como condição civil:

"No regime brasileiro de escravidão, os escravos, enquanto apenas escravos, não constituíam uma classe social. Bem entendido, havia uma classe de escravos; porém, nem todos os escravos pertenciam a esta classe. O *status* de escravo era apenas uma condição civil, decorrente da propriedade do homem como bem móvel. Não era senão quando integrava um processo de trabalho produtivo, que o escravo fazia parte de uma classe. (...)
Não é possível exagerar a importância teórica e metodológica desta distinção — escravatura como forma jurídica de propriedade, e escravatura como forma de produção social. Na verdade, ela se mostra essencial para um tratamento correto do processo histórico da escravidão no Brasil."

FREITAS, Décio. **Escravos e senhores de escravos**. Caxias do Sul: Chronos, 1977. (p. 19)

(20) Sobre a participação de negros na Guerra dos Mascates, em sua fase final:

"Para apanhar os fugitivos, o governador reforçou os auxiliares negros e ameríndios de linha com um bando de 360 facinorosos a maior parte dos quais mulatos e mestiços, cuja cor ia do branco puro ao negro azeviche. A participação deles dava agora aos fatos um aspecto de luta de classe, pois esses indivíduos desocupados e errantes ficaram contentíssimos com a oportunidade de se vingarem dos altivos senhores de engenho e lavradores, que outrora os tinham tratado com o maior desprezo e aversão. Tais vagabundos, todos com registro criminoso, eram chefiados por um certo Manuel Gonçalves, cujo apelido era Tunda-Cumbé. Isso, em palavras angolanas, queria dizer que ele fora um dia batido por escravos negros ofendidos, com o resultado de ficar torto de corpo e de mente desde então. Os Tunda-Cumbés, como aquele grupo foi chamado por causa de seu comandante, pilharam as casas dos senhores em tudo quanto representasse valor, mataram e comeram o gado, e maltrataram as mulheres e as crianças. Tão revoltantes foram os excessos, que mesmo os auxiliares ameríndios 'chegaram a dizer que nenhum dos escondidos haviam de descobrir se eles sós fossem que os vissem', e provaram que sabiam cumprir a palavra dada. Em certa ocasião, estavam cerca de 400 homens escondidos no matagal, e muitas evasões dramáticas foram registradas. Houve um homem que passou nove dias no oco de uma arvore, e um idoso cavalheiro, de setenta e um anos, escondeu-se numa arca durante cinco dias."

BOXER, C. **A Idade do Ouro do Brasil**. 2. ed. São Paulo: Nacional, 1969. (p. 142-143)

(21) Sobre a Conjuração dos Alfaiates:

ARAÚJO, Ubiratan Castro de et al. **II Centenário da Sedição de 1798 na Bahia**. Salvador: Academia de Letras da Bahia; Brasília: MinC, 1999.

AUTOS da devassa da Conspiração dos alfaiates. Salvador: Secretaria da Cultura e Turismo/Arquivo Público do Estado, 1998. 2v.

DOMINGUES, C. V.; LEMOS, C. B.; Iglesias, E. (Org). **Animai-vos, povo bahiense**! A Conspiração dos Alfaiates. Salvador: Omar G., 1999.

FONSECA, Rodrigo Oliveira. **A interdição discursiva**: o caso da Conjuração Baiana de 1798 e outros limites à participação popular na história política brasileira. Porto Alegre: UFRGS, 2012. Tese (Doutorado em Estudos da Linguagem).

JANCSÓ, István. **Na Bahia, contra o império**: história do ensaio de sedição de 1798. São Paulo: Hucitec; Salvador: EDUFBA, 1996.

MATTOSO, Kátia M. de Queirós. **Da Revolução dos Alfaiates à riqueza dos baianos no século 19**: itinerário de uma historiadora. Salvador: Corrupio, 2004.

MOTA, Célio de Souza. **A face parda da Conspiração dos Alfaiates**: homens de cor, corporações militares e ascensão social em Salvador no final do século 18. Feira de Santana: Universidade Estadual de Feira de Santana, 2010. Dissertação (Mestrado em História).

MOTA, Célio de Souza. **A mordaça que falou**: um estudo sobre a Revolta dos Alfaiates e o significado político da participação dos militares de baixo escalão, da tropa regular e das milícias, naquele movimento ocorrido em Salvador, em 1798. Alagoinhas: UNEB, 2004. Trabalho de conclusão de curso (Especialização em História Política).

RUI, Afonso. **A primeira revolução social brasileira** (1798). 2. ed. São Paulo: Nacional, 1978.

TAVARES, Luis Henrique Dias. **Bahia 1798**. São Paulo: Ática, 1995.

TAVARES, Luis Henrique Dias. **Da sedição de 1798 à revolta de 1824 na Bahia**. Salvador: EDUFBA; São Paulo: UNESP, 2003.

TAVARES, Luis Henrique Dias. **História da sedição intentada na Bahia em 1798**: a conspiração dos alfaiates. São Paulo: Pioneira, 1975.

TAVARES, Luis Henrique Dias. Historiografia da sedição de 1798. In: CONGRESSO de História da Bahia [Salvador 450 anos], 4, Salvador, 2001. **Anais**. Salvador: IHGB/Fundação Gregório de Matos, 2001. v. 1, p. 322-327.

TAVARES, Luis Henrique Dias. Os escravos na sedição de 1798 na Bahia. **Revista de Cultura da Bahia**, Salvador, n. 17, p. 11-51, 1998.

(22) Não é absolutamente provado que a sociedade Ogboni tenha existido no Brasil; *ipso facto* que haja participado da rebelião malê. Era a Ogboni uma sociedade secreta iorubá com certo poder político e religioso, cuja finalidade explícita era realizar cultos propiciatórios pelas colheitas, pela reprodução, por ocasião de funerais, etc. No Brasil sua influência foi real dentro do Candomblé — mas só nele. O comando da Ogboni pertencia a uma mulher e seu símbolo é um casal em bronze ligado por uma corrente.

"Temos a concluir, portanto — embora temporariamente — até que possamos acumular informações outras, a) que a *Ogboni* exercia o poder moderador e equilibrador do poder real característico da e na estrutura de poder africana; b) que, ao que tudo indica, sua existência teria perdido o sentido pela desorganização e desestruturaçao decorrentes da influência ocidental, melhor, do poder colonial; c) que tal *egbé* não existiu no Brasil já que, considerando a desorganização imposta pelo regime escravocrata em contraste com a amplitude de suas funções, dificilmente teria condições de reproduzir-se aqui."

ARAÚJO Ari. **Algumas considerações sobre a sociedade Ogboni**. Rio de Janeiro: C.E.A.A., 1981, Mimeo. p. 7.

(23) Eis o exemplar arrazoado do Conde:

"Batuques olhados pelo Governo são uma cousa, e olhados pelos Particulares da Bahia são outra differentíssima. Estes olham para os batuques como para hum Acto offensivo dos Direitos dominicaes, huns porque querem empregar Escravos em serviço útil ao Domingo também, e outros porque os querem ter naquelles dias ociozos á sua porta, para assim fazer parada de sua riqueza. O Governo, porém, olha para os batuques como para hum acto que obriga os Negros, insensivel e machinalmente de oito em oito dias, a renovar as ideias de aversão reciproca que lhes eram naturaes desde que nasceram, e que todavia se vão apagando pouco a pouco com a desgraça commum; idéas que podem considerar-se como o Garante mais poderoso da segurança das Grandes cidades do Brasil, pois que se uma vez as differentes Naçõens da África se esquecerem totalmente da raiva com que a natureza as desuniu, e então os de Agomés vierem a ser Irmãos com os Nagôs, os Gêges com os Aussás, os Tapas com os Sentys, e assim os demais; grandíssimo e inevitavel perigo desde então assombrará e desolará o Brasil. E quem haverá que duvide que a desgraça tem poder de fraternizar os desgraçados? Ora, pois, prohibir o único Acto de desunião entre os Negros vem a ser o mesmo que promover o Governo indirectamente a união entre elles, do que não posso ver senão terríveis consequências."

> Cf. RODRIGUES, Nina. **Os africanos no Brasil**. 6. ed. São Paulo: Nacional, 1982. (p. 156)

(24) Para comprovar o caráter interétnico da rebelião de 1835: dentre 286 "culpados", a repressão achou 194 nagôs; 25 hauçás; 6 tapas; 7 minas; 9 jejes; 18 de etnia desconhecida; o resto, de nações diversas vizinhas do pais iorubá; e 3 mulatos.

Para maiores detalhes sobre essa rebelião:

> REIS, João José. **Rebelião escrava no Brasil**: a história do levante dos malês em 1835. São Paulo: Companhia das Letras, 2003.

(25) A deportação de crentes do Islã, ou simples suspeitos, foi acompanhada de repressão e vigilância maiores sobre os negros sudaneses, em geral. O resultado foi uma emigração espontânea de pretos forros, muçulmanos ou católicos, de volta à África — onde desempenharam papel notável e de difusores de certos costumes brasileiros.

A esse respeito:

"Além de servir para ressaltar as divisões religiosas dentro da comunidade afro-brasileira escrava e livre, a jihad provocou grande perturbação à vida dos baianos brancos em janeiro de 1835. Temendo uma repetição dos acontecimentos do Haiti, a reação oficial do Governo foi rápida e radical. Durante quase uma semana de resistência armada, mais de cem jihadis foram mortos. Delatores negros, católicos livres, haviam informado as autoridades brancas sobre a jihad antes do seu início. Tais delatores temiam que uma rebelião islâmica colocasse em perigo a vida de todos os católicos, tanto afro-brasileiros como brancos. A resposta das autoridades foi uma série de julgamentos sumários e o aumento da legislação repressiva contra todos os afro-brasileiros na província, escravos e livres indistintamente.

Reagindo contra estas condições, um número sempre crescente de afro-brasileiros começou, nas décadas de 1830 e 1840, a preparar-se para deixar o Brasil e voltar para a África. Entre os emigrantes se incluíam católicos e muçulmanos livres. Os emigrantes católicos com frequência guardavam os recursos financeiros necessários ligados à Igreja Católica. Estas instituições funcionavam como verdadeiros bancos populares e era por meio delas que os emigrantes podiam comprar passagens em navios destinados aos portos do Oeste da África. Cerca de cinco mil afro-brasileiros resolveram deixar o Brasil durante o século 19 e voltar para a África. Na sua chegada à África, a questão de autoidentificação religiosa se tornou um elemento importante de identidade não só para os próprios afro-brasileiros, como também para as outras comunidades africanas e não africanas existentes na costa oeste da África."

TURNER, J. Michael. **Manipulação da religião: o exemplo afro-brasileiro**. Rio de Janeiro: C.E.A.A., 1980. Mimeo.

(26) O Islã sobreviveu até começos deste século no Rio de Janeiro — alufãs, aqui, eram *mussurumins*. "Assumano, Alabá, Abaca, Tio Sani e Abedeé me batizaram na lei de mussurumi", diz um partido alto do famoso pagodeiro Aniceto.

Em 1982, quando se encontraram, em velho prédio da Rua Buenos Aires, dois escritos cabalísticos, foi ouvida a centenária Tia Carmem, da Praça Onze:

"*Tia Carmem e os muçulmanos*
Com a autoridade de quem irá completar 106 anos no próximo mês de junho, Carmem Teixeira da Conceição, a legendária Tia Carmem da Praça Onze, personagem viva do livro 'Islamismo e Negritude' confirmou a presença de negros muçulmanos, dedicados ao culto malê, na cultura religiosa do Rio de Janeiro, no início do século. Ela reconheceu o estilo de grafia árabe e os sinais cabalísticos dos documentos localizados nas obras de loja da Rua Buenos Aires, e soube dizer, também, quem produzia tais feitiços na virada do século no Rio de Janeiro.

Diante do recorte do *O Globo*, reproduzindo o pergaminho descoberto na Rua Buenos Aires, Tia Carmem não titubeou, identificando-o para os pesquisadores João

Baptista Vargens, professor de Estudos Árabes da Universidade Federal do Rio de Janeiro, e Nei Lopes, que a foram visitar, como um elemento encontrado com frequência entre os cultores de religiões muçulmanas, notadamente negros, do início do século no Rio.

Um desses cultores do islamismo africano foi Henrique Assumano Mina do Brasil, o Assumano, que não só coabitou com Tia Carmem, morando num segundo pavimento de casa na Rua Visconde Itaúna 192, enquanto ela e sua família residiam no térreo, como batizou um de seus filhos (Alcindino Teixeira, o Narinho), já desaparecido.

Tia Carmem lembra, também que Hilário Jovino, o criador dos ranchos, também era dado à prática do africanismo muçulmano, embora fosse filho de santo do candomblé.

— O culto muçulmano dos malês — conta Tia Carmem — era uma seita muito respeitada. Eles trabalhavam muito com carneiros em seus sacrifícios, e transformavam seus pelos em tapetes, sobre os quais dormiam. Faziam aluás e botavam ervas em efusão. O culto era dominado pelos astros, notadamente a Lua, que para eles tinha grande significado. Usavam rosários de ossos e de tábuas.

Ao professor João Baptista Vargens, Tia Carmem negou que Ossumano, no seu culto, trabalhasse para efeitos malignos nas pessoas.

— Ele era um homem de bem — disse ela — Não bebia, e nunca soube que usasse o seu culto para trabalhos maléficos. Mas existiam outros capazes disso. Havia o Abu do Santo Cristo, que, dizia-se, tratava dessa parte."

GLOBO, O. Primeiro Caderno. Rio de Janeiro, 30 nov. 1983. p. 7.

Capítulo 3
A marginalização

A escravidão brasileira — de negros e índios — foi a mais longa do Novo Mundo, durou de 1500 a 1888. Uma lei, na metade do século 18, pôs fim à escravidão indígena, **(1)** enquanto os negros tiveram de esperar ainda um século para que a célebre Lei Áurea libertasse cerca de 700 mil deles, num país que vinte anos antes tivera 1 milhão e meio de escravos, sobre uma população total de cerca de 10 milhões. Se argumenta geralmente, entre nós, que esta lei, no seu laconismo, causou a *marginalização* do negro, transformado de escravo, com lugar definido no sistema produtivo, em pária social.

Na verdade, as transformações da economia brasileira o haviam atirado fora do barco muito antes.

Marginalização e pauperização

No Centro-Oeste, com o declínio da mineração, e ainda que uma parcela da escravaria fosse transferida para as fazendas de café do Sudeste, o ex-escravo se instalou, livre, em roças de subsistência. Emigraria daí, no século 20, para grandes e médias cidades; ou vegetaria em pobres comunidades semi-rurais. No Norte e Nordeste, com o declínio acelerado das lavouras tradicionais de exportação, o escravo se viu, frequentemente, transformado em *meeiro*, nos casos em que o ex-senhor permanecia instalado; ou *posseiro*, naqueles em que o dono da terra preferiu emigrar. E no Sudeste, enfim, onde deslanchou a economia empresarial (café e empresas urbanas), o ex-escravo foi substituído — primeiro lentamente; a partir de 1870, rapidamente — pelo imigrante europeu-livre.

Em qualquer dos casos, *marginalização*, mas, sobretudo caracterizadamente, nos do Sudeste (Rio, sul de Minas, São Paulo). Nas antigas áreas de mineração, Norte e Nordeste, a marginalização é melhor sinônimo de *pauperização* — marginal é a própria região, subdesenvolvida internamente. Aí, onde se concentra a maioria da população negra atual, a *marginalidade* é função do baixíssimo nível de renda geral, agravado pela cor. (Na acepção vulgar, *marginal é o que está fora*. Na sociológica, é *o que está na borda*, no limite exterior da sociedade, mas *do lado de dentro*, articulado ao que se convencionou ser o centro, desempenhando uma função com relação a ele. Com este significado usamos, aqui, o termo. **(2)**

As regiões atrasadas: o caso do Maranhão

Devemos, então, indagar por que razões o negro não acompanha a modernização do país (ou, como pergunta o senso comum: por que só os pretos não se desenvolveram junto com o Brasil?). Uma delas foi aflorada acima: as maiores concentrações de negros, desde o fim do século 19, estavam em áreas economicamente em desativação — Centro-Oeste, Norte e Nordeste. Em processo de baixa de renda, tais áreas estavam reservadas, pela lógica do sistema, a *colônias internas* — o desenvolvimento delas se tornou, desde então e até hoje, uma hipótese *autocontrariada*. Mesmo que tivessem, potencialmente, capacidade para se promover de escravos a cidadãos, os negros dessas regiões não se beneficiariam nunca de um quadro econômico-social propício (e isto, naturalmente, abstraindo o peso da cor numa sociedade aristocratizante). **(3)**

Em meados do século 19 — tomando o Maranhão como caso — a decadência do Norte agrícola estava consumada, a ponto de a sua percepção constituir mesmo uma ideologia — *ideologia da decadência*, como chamou alguém. **(4)** Grandes lavradores, intelectuais e administradores da província viam o seu passado como sucessão de três grandes etapas: a *gentilidade*, de imobilismo e estagnação (até cerca de 1760); a *prosperidade*, de expansão e enriquecimento (até cerca de 1840); e, por fim, a *decadência* em que o compasso de desenvolvimento maranhense se torna inversamente proporcional aos do Sul e Sudeste.

O que teria feito progredir o Maranhão, a partir de 1760, e o que, inversamente, em seguida, o teria atrasado?

Em 1756, D. José I criava a Companhia Geral do Grão-Pará e Maranhão, "cujo estabelecimento — nas palavras de Garcia de Abranches — foi a aurora da prodigiosa opulência e engrandecimento desta Província". **(5)** Numa economia em que o centro de gravidade está na circulação internacional, a prosperidade efetivamente chegara: escravos africanos, colonização do sertão, financiamento, propiciariam, por um período de quase quarenta anos, safras crescentes de algodão, arroz, gengibre, cacau, etc., gerando as principais fortunas maranhenses. Escravos, colonização, financiamento — eis o seu tripé.

Por ocasião da independência, a baixa de renda já era manifesta. Gairoso, que escreveu em 1818, aponta os seguintes entraves à prosperidade da lavoura provincial:

1º — falta de terras, por causa do índio (eles ocupam as "terras da mata", enquanto os lavradores se apertam nas "terras infrutíferas").

2º — o alto preço do escravo, causador de endividamento dos proprietários e execuções judiciais sobre ele.

3º — a flutuação do preço do algodão no mercado, e, em particular, a grande baixa de 1812.

4º — a dupla tributação das lavouras, em dinheiro (no Maranhão e em Portugal). **(6)**

O quadro se invertera. Desses óbices, apenas os dois primeiros estavam ao alcance da classe dirigente local — e logo ela mobilizaria instrumentos e recursos para superá-los. (A superação do 4º entrave se daria, talvez, com a independência; na verdade, só veio com a República). Primeiro tratou de ressuscitar as bandeiras, que varressem das terras do Turi, do Itapicuru e do Mearim os remanescentes gamelas e timbiras. A concepção que esta classe dirigente do Maranhão fazia da prosperidade regional era idêntica, absolutamente, à que a classe senhorial brasileira fazia do desenvolvimento nacional: não incluía o índio. Suas atividades agrícolas, fora da circulação, não eram tidas como produtivas.

Trataram, concomitantemente, os fazendeiros maranhenses, de se desfazer do que chamavam "quarta classe" — a escravaria. Não é fácil, com as informações até aqui acumuladas, puxar o fio deste embaraçado novelo que é a liquidação do escravismo maranhense. Uma de suas pontas é, sem dúvida, porém, o peso econômico, social e político do aquilombamento — ainda que o seu pico máximo ocorresse depois (entre 1860 e 1880) do da exportação de negros para o Sudeste (entre 1850 e 1870).

O preço do escravo negro se tornou, digamos a partir de 1830, proibitivo para o fazendeiro maranhense, não apenas porque as vicissitudes do tráfico o fizessem subir. Com a continuada baixa de renda, e mesmo descontando o parênteses dos anos sessenta, os laços de submissão dos escravos se afrouxaram — fugas e rebeliões se tornaram o cotidiano da província. *Segurança pública* (leia-se ameaça quilombola) passou a ser, desde cerca de 1820, o item principal dos relatórios de presidentes da província. **(7)** Como no caso de Palmares, o mais grave é que os quilombos, e aldeamentos indígenas — por vezes fundidos numa só unidade —, ocupavam fecundas "terras de mata", enquanto os lavradores arrotearam glebas cansadas ou pobres.

Vender o escravo para o Rio e São Paulo antes que fugisse, acarretando duplo prejuízo, da perda e do investimento, a fundo perdido, na repressão ao quilombo: a fórmula estava pronta. Havia outra saída? *Instalar o escravo* como servo — e, mesmo os fazendeiros que conseguiam exportar negros na flor da idade deviam *instalar* negros velhos, mulheres e crianças — sob o comando, em geral, como preposto, do antigo feitor negro ou mulato. *Instalar*, igualmente, muitos libertos em fase anterior. *Serve* no sentido quase medieval: aquele que paga em trabalho, ou espécie, pelo uso da terra; e a quem o amo está ligado pelo compromisso da proteção em troca de fidelidade na paz e na guerra.

Conhecemos pouco, é verdade, a história e vida atual das aldeias negras do Maranhão — tratadas na primeira parte deste texto como "quilombos contemporâneos". **(8)** Comparativamente ao que sabemos sobre as de outras regiões é, no entanto, bastante, e confirma, a grandes traços, a veracidade daquele processo. Constatamos, por exemplo, para começar, a importância da referida *instalação* servil como geradora do grupo: a memória mais antiga dessas ilhas de campesinato livre, economicamente definidas pela posse útil da terra, se referem ao *senhor bondoso* que lhes doou a terra, fundando, desta maneira, a comunidade. Ao *senhor bondoso*, ao *fim da sujeição* e aos papéis — esta paranoia dos grupos camponeses livres, e não só no Brasil e não só de negros, aliás. **(9)**

O que quer que tenha vindo antes do *fiat* — a doação e seus papéis — é *sujeição*, cativeiro, privação de liberdade, entendida primeiro que tudo como falta de terra, desorganização da família, trabalho sem descanso, castigo sistemático. Nada muito diferente da memória geral do cativeiro que tem o negro por toda parte: sofrimento caótico, quase inapreensível pela lembrança. O negro passa a existir — e só até este nascimento vai a memória — quando ganha a terra, e isto aconteceu *ao mesmo tempo* que gritaram liberdade, e, *instalados* e *sem sujeição*, se tornaram parentes entre si. Datar o tempo histórico em que se deu esta passagem, nos vales quentes dos grandes rios maranhenses, não é difícil: quase nunca antes de 1850 e raramente depois de 1888.

Na memória desses negros maranhenses, o que se seguiu foram *anos felizes*. *Anos felizes* por estarem imprensados entre o cativeiro infernal — *caotizado* pela memória — e a atualidade dramaticamente insegura, em que os papéis têm de ser escondidos, os grileiros enfrentados a bala, a terra e seu corolário imediato, a liberdade, defendidas como ato final. Se trata de uma "idade de ouro", claro, ideal. Mas podemos supor que, de fato, neste período da sua história, esses *isolados negros* gozassem de fartura — tirante uma ou outra ocasião de estio prolongado; e se sentissem seguros — descontando esporádicas *invasões* de fazendeiros ou migrantes pobres. Fato que consta ter ocorrido somente no Maranhão foi a tentativa de instalar migrantes cearenses, com quem, na impossibilidade de ter o estrangeiro, autoridades pensavam colonizar o interior da província. Esses cearenses substituiriam os quilombolas, nas duas aldeias, tão logo a repressão os tivesse capturado. Aproveitava-se, desse jeito a estrutura agrícola, arquitetônica, comercial etc. do quilombo.

Não deixa de ser curioso este reconhecimento não confessado da capacitação do ex-escravo em organizar a produção e a aldeia, quando o argumento principal da classe dirigente contra o aproveitamento da mão de obra negra era justo a sua incapacitação.

A que período da história nacional corresponderia esta "idade de ouro"? Ao de decadência, ou atraso, do Maranhão, com relação ao conjunto do país — os longos e pesados anos que vão de cerca de 1870 a aproximadamente 1950. A prosperidade dos "isolados negros" era, então, inversamente proporcional à baixa de renda da economia regional. Por suposto que a estagnação geral encerrava as comunidades camponesas livres, ou semilivres, num círculo de ferro além do qual não podiam sequer pensar em chegar — não tinham, por exemplo, qualquer chance de se beneficiarem da economia de mercado e seus mitos corolários. A mesma fraqueza da economia maranhense, no entanto, lhes garantia uma notável autonomia, dentro da qual sua gente desfrutava de uma pobreza altiva — por contraste com a vizinhança não negra — e, visto que a idealização é sempre componente decisivo do real, contente. Seriam, desde sempre, *comunidades pobres*, mas não miseráveis, estando a diferença em que as primeiras conhecem a escassez mas não a penúria, mantendo intactas, diante daquela, a coesão grupal e a capacidade de recriar estratégias coletivas de sobrevivência. Não por acaso se nota, ainda hoje, na sociedade envolvente, respeito pelas "terras dos pretos", certa admiração pelo seu estilo de vida e o reconhecimento quase geral da hegemonia cultural que esses aglomerados étnicos exercem.

Por volta de 1950 se encerram os *anos felizes* das comunidades negras maranhenses e começam os *de luta*. O pior inimigo não mais será o fazendeiro ambicioso e inconformado de que terras tão promissoras pertençam a simples pretos, nem o "cearense" tangido pela seca e o latifúndio. Elas terão de defender — frequentemente sozinhas, lembrando a solidão do escravo de eito, colonial — suas terras de um inimigo invencível: o projeto de desenvolvimento nacional — que agora, diferente do passado, inclui e articula esta derradeira nesga de terra fecunda, por apropriar, que é o Maranhão. O inimigo tem, agora, a cara do boi. **(10)**

As regiões desenvolvidas: o caso de São Paulo

Devemos encontrar agora, as razões que expliquem a sua marginalização num quadro econômico ascendente — como o do Sudeste e Sul, a partir do fim do século 19.

Não nos satisfazem, é claro, as razões correntes: 1[a]) o sistema produtivo nacional não tinha capacidade para assimilar a totalidade da população, ainda que se encontrasse em expansão; 2ª) o negro não estava suficientemente apto para exercer o trabalho livre e concorrer no mercado de assalariados. Correspondem, naturalmente, a uma meia-verdade — e esta, em História, como se sabe, é mais difícil de desalojar que a mentira inteira.

Para começar, o negro não perdeu sua chance exclusivamente como assalariado. Ele a perdeu, também, como pequeno produtor independente — artesão especializado e dono de oficina. Como o número de pretos forros viesse crescendo, em nossas principais cidades, desde a metade do século 18, se formara algo assim como o embrião de uma burguesia negra — milhares de alfaiates, carpinteiros, mestres de obra, ferreiros, ourives, barbeiros, dentistas, mineradores, músicos, tropeiros, vendeiros, etc. Desse esboço de classe média vão sair muitos dos mulatos e "pretos de alma branca" que se destacaram no mundo aristocrático do século 19. Qualquer coisa que se passou entre 1870 e 1900, mais ou menos, fez abortar o embrião.

Não é difícil detectar: a abertura do país aos investimentos estrangeiros, por um lado; e, por outro, a automatização, em geral, da produção de objetos, liquidaram o pequeno produtor preto independente das cidades. Teriam liquidado qualquer pequeno e médio empresário brasileiro, de resto — mas a peculiaridade, no caso, está em que ele era em boa parte preto: até a altura da independência (1822-1831), com efeito, e embora não tenhamos números específicos, o pequeno e médio produtor de objetos branco devia ser minoritário. Prova disso é que, quando surge, a partir dos anos 1910, a burguesia empresarial brasileira é filha muito mais do pequeno produtor imigrante que do pequeno-burguês branco brasileiro. (Do pequeno produtor imigrante e da "aristocracia rural", completemos.)

Interveio, nesta liquidação, de alguma forma, o fator preconceito racial? Certamente, mas, possivelmente, pouco. Ideias vulgarizadas depois — "negro não dá pra negócio", "não tem iniciativa, não faz nada direito", etc. — não parecem ter sido comuns no tempo da Colônia; recaíam, na verdade, mais sobre o mulato, sistematicamente ocioso. Vulgarizaram-se, justamente, a partir da expropriação do pequeno produtor negro independente, nos fins do século 19 — o preconceito sendo aqui, como quase sempre, a naturalização do fenômeno histórico. A sociedade brasileira nunca fez, é certo, boa ideia do negro; mas lhe reconheceu, como testemunha a crônica colonial, no passado mais remoto, a capacitação técnica, o espírito inventivo, a facilidade em aprender, a disciplina no trabalho.

O preconceito de cor terá pesado mais adiante, no mercado de trabalho fabril, para o candidato negro, especializado ou comum, sendo nitidamente preterido pelo branco, de preferência o branco estrangeiro — alemão, eslavo, mediterrânico, ibérico, nesta ordem. Três séculos de escravidão do preto haviam tornado escravo e preto sinônimos perfeitos, de sorte que quando se pensar em futuro nacional, destino nacional, objetivos nacionais, não sendo escravo, logicamente, o trabalho com que se conta não será também preto. Desde a metade do século 19, mais ou menos, os responsáveis legais pela construção do país operavam, aliás, um silogismo: se branco é bom trabalhador e os alemães são os mais brancos europeus, a política de imigração deve se concentrar neles. Foi só por razão *externa* que, no conjunto, ela acabou se fixando nos italianos. De toda forma e nos termos mais genéricos, o que vai ficando claro, com o avanço das análises, é que, no projeto de Nação das elites brasileiras, esboçado no século 19, elaborado e completado no 20, não há lugar para o negro e o índio — e esta deliberação, traduzida em linhas de ação e estratégias políticas, aparece claramente como causa maior da que se convencionou chamar marginalização do negro. Nesse sentido, e não em outro, é que se pode dizer que a sociedade brasileira é essencialmente racista.

O *trabalho livre* — e quantas vezes, entre nós, trabalho livre é uma irrisão — modernizaria o país. Para os líderes da Campanha Abolicionista o trabalho escravo *devia acabar* porque com ele não começaríamos a construção da Pátria grande e próspera dos nossos sonhos. Havia, contudo, neste projeto progressista, uma conotação, um intento, uma sutil determinação racista: os negros não seriam promovidos a trabalhadores livres. É como se ao deitar fora a água da bacia fosse a criança junto. Joaquim Nabuco, porta-voz da vertente mais conservadora da Campanha, encarava, mesmo, a Abolição como simples institucionalização do branqueamento — nem o meio-branqueamento aceitava. A escravidão devia acabar para que, com o tempo e uma seletiva política de imigração, não nos tornássemos predominantemente caucásicos.

Não carece voltar ao discutido cruzamento raça-classe para ver que a imagem do escravo se colara, naqueles trezentos e tantos anos, inapelavelmente na pessoa do negros. Qualquer análise da sua situação hoje deve pois, arrancar deste fato: os estereótipos contra o escravo se ergueram como primeira e mais sólida barreira à sua inserção no "país moderno" com que sonhavam os abolicionistas. Os estereótipos e a barreira se levantaram em todo o país — conformando-se, ainda aqui, aos distintos compassos regionais de mudanças —, gerando as mais diversas modalidades de marginalização.

Como candidato a empresário ou a operário, aquele imigrante (foram cerca de 3 milhões entre 1870 e 1930) levará, portanto, nítida vantagem sobre o ex-escravo preto.

Dentre as razões vulgarmente aventadas para esta vantagem, uma parece, ainda, inequívoca: o Estado, manipulando o preconceito que associava integralmente escravo = preto = mau trabalhador = mau cidadão, executou a política deliberada de branquear o país — o que significava todo apoio ao imigrante e nenhum ao trabalhador nacional. A outra, a saber: *o preto estava malequiparado, no momento da decolagem da economia empresarial*, tem sofrido, no entanto, tantas ressalvas que se esfarrapou.

A "ideologia de barragem"

Como vimos, mais do que o branco livre, o preto forro foi, desde a metade do século 18 até cerca da metade do seguinte, o empresário brasileiro em potencial. Ele possuía o equipamento cultural básico para decolar — não fossem mais fortes as circunstâncias econômicas, políticas e ideológicas adversas globais.

Se poderia, no entanto, continuar aceitando que faltou ao preto, no momento pós-Abolição, equipamento cultural para "se desenvolver junto com o Brasil"? De começo, convém repor o problema em termos justos: o equipamento básico que se requeria do candidato a operário fabril foi, durante muito tempo, no Brasil, mínimo — nossa industrialização, do tipo "substituição de importações", começou pelos ramos têxtil, material de construção, bebidas e alimentícios. Estavam aparelhados, para ela, tanto negros boçais quanto ex-aldeões do Trieste. Tanto é, aliás, assim, que a pesquisa histórica mais recente vem demonstrando o papel fundamental desempenhado pelo trabalho escravo em nossa primeira decolagem industrial, no período imediatamente anterior à Abolição.

Ainda assim, parece certo que no Sudeste empresarial brasileiro faltasse alguma coisa ao preto — aptidão, capacidade, antecedentes ou predisposição, conforme o ângulo. Naturalmente, e para recolocar também aqui os termos reais do problema, o que lhe faltava, em primeiro lugar, era *o que a sociedade decidira que lhe faltava* — já se chamou a isto, com propriedade, "ideologia de barragem".

É possível distinguir na região cafeeira do Sudeste duas sub-áreas e a distinção sem dúvida facilita a compreensão desta "ideologia de barragem":

1º Sub-área de baixa produtividade;
2º Sub-área de alta produtividade.

Na sub-área cafeeeira de baixa produtividade — nomeadamente a parte fluminense do Vale do Paraíba —, último bastião do escravismo, a libertação criou o negro-que-prefere-ficar-com-seu-senhor; o negro paupérrimo da roça e o negro mendicante. Na subárea cafeeeira de alta produtividade — a do oeste e norte paulistas — criou, simplesmente, negros desocupados; desocupados e malditos — pois não tinham eles a mínima capacidade de concorrer com trabalhadores brancos nacionais ou imigrantes que a lavoura capitalista precisava e preferia. Curiosamente, como se vê, sua sorte parecia ser pior onde a economia era mais desenvolvida.

Se é assim, melhor se nos revela o caráter da transição brasileira para o trabalho livre: ela foi, na sua essência, a dispensa do escravo negro. O trabalhador negro escravo, afinal, havia gerado o seu contrário, o trabalhador branco livre.

O paradoxo foi típico do norte e oeste paulista. Mas não foi específico. Nas maiores cidades brasileiras da fase precedente — Rio, Salvador, Recife, Vila Rica, Tijuco — se instalara nos serviços urbanos sólida camada de liberdade (em geral por alforria). O que, no fim do 19º século, impediu este grupo numeroso de artesãos de se transformar em burguesia? Ou, feita a pergunta de outra maneira: por que o negro artesão livre do século 19 não se transformou no burguês, ou pequeno-burguês, do século 20?

Diversos analistas insistem na desorganização *inata* da família negra como fator de desvantagem na sociedade de classes. Enquanto o imigrante se apresentava no mercado de trabalho, e, logo, na raia da competição social, com uma família nuclear permanente, o preto se apresentava solitário ou, no outro extremo, carregado de laços frouxos — indisciplinado, depredador, gastador, desmotivado. Mau empregado, em suma. A desvantagem, face ao imigrante, era notável sobretudo no campo, pois a família nuclear constituiu ali a mola propulsora da poupança, e, logo, da acumulação.

Outro fator de desvantagem do negro, na raia da competição de classe, foi a "cultura da festa". A insólita capacidade de rir da própria desgraça, ou, mais precisamente, viver em festa uma vida de privações materiais (nosso linguajar comum está repleto de expressões como "levar na flauta", "dar a volta por cima", etc.) é reconhecida como peculiar atributo do negro. A festa da Abolição durou semanas — e é curioso, e ilustrativo acompanhar a reação das autoridades, escravocratas e abolicionistas, ao regozijo popular: primeiro festejaram juntos, depois *lembraram* que o trabalho esperava, depois *ameaçaram* os vadios, e, enfim, *acionaram a polícia* para esvaziar as ruas. Houve, claro, políticos e intelectuais dispostos a uma atitude paternal: os negros têm boas razões para odiar o trabalho e a Abolição foi um acontecimento capital em suas pobres vidas, mas, de qualquer jeito, a festa é da sua natureza, são felizes assim, Tinham razão? O fato irretorquível é que a festa se tornou uma natureza do preto, como sua pele ou sua carapinha. Ele se fez, prontamente, o rei do carnaval. Ora, a "cultura da festa" parece consagrar a indisciplina, a irresponsabilidade, a intemperança. Constituiria, em suma, barreira à inserção na sociedade de classes.

Tem-se discutido, no Brasil como nos Estados Unidos, o significado desses dois fatores — a desorganização da família negra e a "cultura da festa". Depurada das suas aderências impressionistas, a discussão tem, sem dúvida, algum interesse.

Para começar, nos dois fenômenos se cristalizam conhecidas e sólidas convicções ocidentais — o preto como o primitivo do branco, como seu inconsciente, como sua expressão sincera. Se trata, é claro, da dificuldade universal em perceber o *outro* como tal, independente do nosso referencial e escala de valores. *Percebido* por esta maneira, o preto brasileiro passou a *se perceber* assim, converteu em *real* o que não passava de imagem idealizada. Beneficiou-se mesmo desta imagem reflexa de si para obter ganhos preciosos — se era insofismável que não dava para operário/patrão, dava muito mais que o branco para a música e o futebol. Aplicou, na verdade, uma das leis básicas do sistema a que não conseguia se adequar: a da especilaização do trabalho. (Uma questão que tem, igualmente, interesse é a seguinte: qual o grau de realidade contido nesta percepção do preto como portador da desordem e da festa? Voltaremos a ela adiante).

O período convencional da história do Brasil, que vai da Abolição (1888) à Revolução de Outubro (1930) é o de acabamento da marginalização do negro, o da sua conversão em "mau cidadão". Gestam-se aí, *et pour cause*, os cassetes da ideologia racista brasileira, este conjunto de ideias, incontestadas, a que chamam alguns "cultura do racismo". Mais tarde, a partir dos anos trinta, tais ideias se sistematizarão no mito — só hoje, é claro, percebido como mito — da "democracia racial". Seus pilares, se se prefere mudar a imagem, assentam, porém, nos marcos da República Velha (1889-1930). **(11)**

Conclusão
Dilemas: a rebeldia

É provável que por algum tempo negros continuem a ver o seu passado como a sucessão da rebeldia, marginalização e luta organizada contra o racismo. A história, contudo, se reescreve sem cessar, uma contingêcia universal, que afeta até mesmo os que se empenham, num determinado momento, em liquidar as tolas e preconceituosas versões oficiais. Rebeldia, marginalização e luta organizada contra o racismo ficarão apenas como uma boa história que se leu na adolescência — logo sua lembrança será sepultada por outras.

Em junho de 1984 chegou às telas do Rio e de São Paulo o filme *Quilombo*. **(12)** As infindáveis, e por vezes profundas, discussões que provocou, amostram certas maneiras da visão reflexa que têm de si os negros organizados.

Para começar, a tendência a criticar o filme antes de vê--lo — como aliás, também, de trazer para a discussão dele, problemas ocorridos nas fases de produção e divulgação — revelam a dificuldade de fazer aliados brancos, ainda entre aqueles contrários ao Sistema. Supuseram esses críticos *a priori* que um cineasta branco, da classe média típica, declaradamente de esquerda, e com passagem pelo antigo CPC da UNE, **(13)** coproduzido pela Embrafilme e por capital francês, estaria, justo por tais contingências, impossibilitado de entender Palmares. O que parece simples sectarismo esconde, na verdade, idealizações difusas pelo conjunto dos movimentos negros como, por exemplo, a de que as relações raciais se dão em bloco, o mundo dos pretos justaposto ao dos brancos, ao indígena, ao oriental, e assim por diante, e, portanto, a chave da compreensão de Palmares — como da rebeldia negra, no seu todo — é guardada, exclusivamente, pelo negro proletário sem filiação ideológica.

Num dos seus extremos, esta ótica do "não vi e não gostei" dá o filme de Cacá Diegues, como mais uma exploração do negro, da sua mão de obra e dos seus símbolos. Em contrapartida, no campo do "não vi mas gostei" se argumentou que *Quilombo* foi a primeira superprodução com elenco maciçamente negro — dos figurantes aos protagonistas — que deu a conhecer, em escala inédita, uma gesta negro-brasileira; só por isso mereceria aplauso. Numa pista central equidistante dessas, restaram, felizmente, diversas questões interessantes à reflexão.

O filme em si, encarado como seu próprio *campo inteligível*, é que poderia responder: a gesta de Palmares é tratada como exótica ou como episódio histórico?

Os movimentos negros são bastante sensíveis à *folclorização* dos seus símbolos e emblemas. *Folclorização* no sentido estrito, aviltante — desde que a categorização folclórica implica em isolar, dissolver, abastardar, indiferenciar os elementos culturais, vistos como resquícios, exotismos, etc. No sentido estrito, mas também no lato — *folclorização* entendida como *festivação* do que é sério e respeitável em si mesmo. Assim, a liderança dos movimentos negros pode eventualmente denunciar uma exibição de candomblé para turistas (o espetáculo visual fragmentaria, e *trairia*, a cosmovisão nagô que o candomblé encerra) como o filme de Cacá Diegues — um "comercial da felicidade", na definição do seu autor-realizador.

Com sua visão onírica de Palmares — é curioso — *Quilombo* se afasta e, ao mesmo tempo, se aproxima da visão reflexa do negro. A oscilação foi percebida e entrou, nas discussões que o filme deflagrou, como um complicador a mais.

As chamadas "minorias étnicas" reivindicam, há certo tempo, o "direito à história". O tombamento, por seu valor histórico (e não apenas "etnográfico") do terreiro da Casa Branca, do Engenho Velho, em Salvador, em maio de 1984, foi, neste sentido, e para exemplificar, interessante vitória.

(14) O caso de Palmares (e a Serra da Barriga, local da Cerca Real do Macaco, está, igualmente, tombado) constitui exemplo ainda melhor.

Palmares teve "direito à história" por pressão dos movimentos negros. Ressalvando, naturalmente, o papel de intelectuais isolados (como, aliás, o próprio cineasta de Quilombo), sua passagem do folclore alagoano para os manuais didáticos e até para o currículo escolar do 1º grau no Rio de

Janeiro, foi conquista deles. Ora, como aceitar o retorno de Palmares ao *folclore* (no sentido lato), como parece acontecer no filme? Aqui está o ponto de afastamento máximo da visão de Diegues e da que fazem de si os negros politizados. Os negros de *Quilombo*, estão, com efeito, e intencionalmente, *festivados*. Todo o tempo bebem, dançam e cantam; o próprio cenário é *tropicalesco*; suas roupas e seus corpos, berrantemente coloridos. Há, principalmente (como notou um líder negro) um tempo e uma pista para as personagens negras — mágicos, a-históricos, eróticos; e outro tempo e outra pista, no mesmo filme, para os brancos — diacrônicos, lineares, discursivos. Mito e História. É como se o filme de Diegues sacrificasse a dois deuses, concomitantemente: Exu, para os pretos; Cronos, para os brancos.

Ouvimos nesta dicotomia, ecos não muito distantes do "negro dionisíaco × branco apolíneo" **(15)** — o que desorganiza × o que ordena. A equação corresponde a alguma verdade? Difícil dizer, mas, de qualquer jeito, o negro como inconsciente, como Noite, como o-que-vem-antes do branco, está na consciência vulgar brasileira. Damião prosseguirá, dentro da madrugada de São Luís, sua caminhada em direção ao bisneto clarinho, ao som dos atabaques algum dia trazidos do Daomé. Intelectuais negros têm se dado conta da falácia desta hipótese, mas a certeza de possuir com exclusividade a chave dos instintos, das emoções mais sinceras, básicas e profundas da espécie humana está enraizada fortemente na autoimagem que os pretos em geral constroem de si. Dionísio, Eros, e, mais completamente, Exu — o que transcende, abarca e transgride — jazem no fundo narcísico do preto.

Ora, esta visão reflexa, e a "cultura da festa" que dela deriva, se chocam com a reivindicação do "direito à história".

A história, como em geral a concebemos e reproduzimos — nos museus, nos manuais, nos filmes — é uma arquitetura sóbria, simétrica e dolorosa. A culpa é o seu legado. Como resolver o paradoxo? Nas discussões provocadas por *Quilombo*, não se respondeu, nem talvez a questão esteja na competência do discurso como tal. A rebeldia, primeiro capítulo da história do negro no Brasil aparece, então, problematizada, enigma antes que solução.

Militantes e intelectuais negros registraram frequentemente, nas discussões, que *Quilombo* reabilita Ganga Zumba (e, secundariamente, Jorge Velho) e diminui Zumbi. Em que termos o faz?

Se definimos herói como "o que encarna dramaticamente um sentimento, ou vocação, coletiva, num momento também dramático", o filme, de fato, heroiciza os três protagonistas — Jorge Velho, herói da gente brasileira, genocida de índios e negros em troca da terra que, no entanto, lhe é negada pela metrópole e o latifúndio; Ganga Zumba, herói da maioria negra, presa da dialética aceitação. O épico de Carlos Diegues purificou os papéis históricos concretos, descontextualizou criaturas reais, razoavelmente conhecidas, e as exibiu como emblemas. A heroicização de Ganga Zumba, no filme, não equivaleu a justificar o equívoco político — o acordo de 1676. Cacá Diegues, fiel ao fato histórico, fez fracassar a experiência do colonização consentida em Cucaú; foi "infiel", contudo, no desfecho (Ganga Zumba, como se sabe, foi assassinado por ordem de Zumbi) e na moldura: Cucaú não era aquele areal inóspito. Infiel, de propósito, talvez, para marcar a aridez da capitulação. Por que, então, o quase unânime reclamo das lideranças negras a esse respeito?

O Ganga Zumba de Cacá Diegues, não é um traidor, cuja má ação realce, pelo contraste, o valor revolucionário de Zumbi. É antes o emblema de uma estratégia antibelicista e ingênua, mais perto da Utopia que a outra, o da guerra total, ao preço da vida — esta sim de acordo com o revolucionalismo guerrilheiro latino-americano dos anos setenta. Ganga Zumba sem indicar uma saída possível (com efeito, não se vê como escravos podem firmar acordo com o poder colonial-escravista), perturba definitivamente as retóricas de vanguarda, professadas com ligeiro atraso, por algumas lideranças dos movimentos negros atuais.

E a diminuição de Zumbi?

Não se confessou isto em nenhum dos debates públicos do filme a que assisti, mas o Zumbi baixo e magro (de acordo com o documento histórico), em contraste com um Ganga Zumba alto e forte, terá decepcionado os que, por definição, imaginam superdotados os heróis étnicos. O gigantismo é condição do herói, e os gigantes participam com facilidade do mito — é lembrar o que fez o pintor David do insignificante Bonaparte. O filme constrange Zumbi à história: na sua biografia (que o filme quase sempre respeita) há uma captura, uma educação católica, uma fuga, uma disputa pelo poder, uma ditadura militar, o comando de um exército invencível na guerra móvel e um crasso erro militar: a passagem à guerra fixa, com a fortificação da Cerca Real do Macaco e a atração do inimigo para o confronto decisivo. O herói desveste a capa do mito e, daqui por diante, a retórica dos negros em luta organizada contra o racismo terá de se haver com a nudez dele. Diminuição?

Outra inesgotável questão veio à tona com *Quilombo*: raça e classe.

Para uns, a contradição racial não apareceu no filme, o drama palmarino narrado exclusivamente na ótica de classe, os brancos pobres absolvidos integralmente do papel de verdugos dos pretos. Este diagnóstico nos recoloca diante de velha proposição, algo corrente nos movimentos negros: a interação racial (no sentido estrito) só estaria legitimamente posta quando isolada de outras formas de interação social. Nesse pressuposto, o filme não levanta, efetivamente, o racismo — e, sendo assim, contribui para perpetuá-lo. Daria curso, numa palavra, ao mito da democracia racial.

Contra esses, houve quem argumentasse que o filme é essencialmente antirracista. Para começar, ao subverter, num veículo de massa, a percepção comum do negro como selvagem, feio, sem valia histórica. Em *Quilombo*, ele é civilizadíssimo, belo e portador, em primeiro grau, do inconformismo e da utopia. (Parece indiscutível, na película, a capacidade de organização dos quilombolas, sua vontade obstinada de luta, e, enfim, o papel desempenhado por Palmares na dinâmica histórica colonial). Se argumentou mais de uma vez, no bojo desta interpretação favorável, que a interação racial, ainda que com certa autonomia, jamais aparece sozinha, mas por intermédio do social, da cultura, etc. E que ela está embutida, na realidade, e no filme que a traduz, na interação principal, a colonial.

O filme de Diegues concebe Palmares como rebelião colonial, negando sólida tradição historiográfica brasileira, que alinha sob este título apenas os conflitos da população branca, livre, com os representantes da metrópole portuguesa. Contraria mesmo certa preferência dos movimentos negros, em geral, pelo isolamento da rebeldia negra. Com a ajuda das muitas entrevistas dadas por seus autores se pode, com efeito, ver *Quilombo* como a utopia brasileira, não um episódio entre outros, mas o embrião do país que *poderia ter sido e não foi*. Palmares como o contrário futuro do Brasil.

Estamos recolocados diante da questão principal: a problemática negra é a problemática da nação brasileira. A negritude seria, nesta ótica, o grande e terrível recalque nacional. O que nos particularizaria entre as nações do Mundo é o que estamos absolutamente incapacitados de ver, daí a nossa alienação e a nossa neurose: o ser substantivamente negro. No plano da estratégia política, decorreria daí um caminho para a luta organizada contra o racismo: nacionalizar a problemática negra. Para os estudiosos dela, um plano de trabalho: desvelar as articulações entre raça, sociedade, etnia, cultura, nação e personalidade nacional, processo civilizatório, etc.

Nada disto é exatamente novo para os intelectuais que se debruçam sobre a *cultura do racismo* — este complexo e eficaz feixe de idealizações e recalques da personalidade brasileira. São dilemas postos, há certo tempo, na pauta das lideranças negras e seus poucos aliados. A novidade está em que, desde o filme de Cacá Diegues, um número significativamente maior de pessoas se inteirou deles, pela porta muitíssimo mais envolvente da imagem e do som. O que estava no ar, difuso, se transformou em discurso cinematográfico para retornar, em seguida, ao conhecimento social. Alguma carga se acrescentou a este saber do negro, ao longo do circuito e em cada uma de suas passagens. Com ele terá de se haver, a partir de agora, o que convencionamos chamar de movimento organizado de luta contra o racismo.

Notas do capítulo

(1) Sobre a escravidão indígena, a que se concede, em geral, pouca atenção, ler entre outros:

> MALHEIROS, Perdigão. **A escravidão no Brasil.** Vol. I. 3. ed. Petrópolis: Vozes, 1976. (2 v.)
>
> LEITE, Serafim. **História da Companhia de Jesus no Brasil.** Porto, Portugal: Porto Médico; Rio de Janeiro: Instituto Nacional do Livro, 1938-1950. 10 v. (trabalho clássico, a ler seletivamente)
>
> NEVES, Luís Felipe Baeta. **O combate dos soldados de Cristo na Terra dos Papagaios.** Rio de Janeiro: UFRJ, 1974. (dissertação mimeo.)

(2) Sobre o discutível conceito de "marginalidade" em sociologia:

"As discussões em torno do tema 'marginalidade', tomado em si mesmo, pareceram improfícuas, uma vez que se entende, de um lado, que a aceitação do termo — uma das questões discutidas — depende do esforço de apreensão do significado da existência das 'populações marginais', dentro das formações sociais que as contêm, o que só poderá ser realizado através do estudo de situações concretas. De outro lado, entende-se também, e consequentemente, que a discussão em torno de quais os indicadores empíricos capazes de identificar o 'marginal' são inúteis, frente aos propósitos de explicar-lhe a existência. Inúteis porque esta identificação, para efeito de início de uma investigação, que se faz de imediato, é obvia. A opção por critérios ligados à natureza do trabalho, condições de habitação, saúde, educação, renda, etc. conduziriam, inevitavelmente, a visões parciais da realidade."

MELLO, Maria Conceição d'Incao e. **O bóia-fria: acumulação e miséria**. 2. ed. Petrópolis: Vozes, 1975. (p. 21)

Ler também:

PEREIRA, Luís. Estudos sobre o Brasil contemporâneo. São Paulo: Pioneira, 1971. (cap. VII: Populações Marginais)

(3) Quem melhor, até aqui, estudou a escravidão como mecanismo de distribuição geográfica da população negra, mostrando o papel discriminatório do confinamento, foi Carlos Hasenbalg.

"Assim, a tardia introdução do sistema escravista no Sudeste — basicamente no século 19 — não apenas resultou numa proporção inferior de africanos e seus descendentes dentro da população regional total, como também limitou o desenvolvimento da miscigenação racial e a formação de uma população de cor livre.

Em suma, como resultado de mais de três séculos de escravidão, à época da abolição a grande maioria da população afro-brasileira permanecia em grande parte fora da região onde uma sociedade urbana e industrial estava em formação. A dinâmica demográfica após a abolição reforçou o padrão já estabelecido de distribuição racial, como indicam os dados da tabela IV-6.

Nesses 60 anos ocorreu um leve aumento da proporção da proporção da população não branca no Brasil subdesenvolvido. Este mesmo período testemunhou uma tendência oposta mais rápida no aumento proporcional dos brancos no Sudeste.

Tabela IV-5
Composição da população segundo as Regiões por Raça

Brasil 1872*	Sudeste		Resto do País		Brasil	
	Número	%	Número	%	Número	%
Branca	1.342.513	66,3	2.444.776	38,2	3.787.289	45,0
Mulata	408.435	20,2	2.915.843	45,6	3.324.278	39,5
Negra	187.980	9,3	773.170	11,5	921.150	10,9
Índia	83.936	4,2	301.019	4,7	386.955	4,6
Total	2.024.874	100,0	6.349.818	100,0	8.419.682	100,0

Brasil 1890**						
Branca	2.607.331	61,9	3.694.867	36,5	6.302.193	44,0
Mulata	1.024.313	24,3	4.909.978	48,5	5.934.291	41,4
Negra	583.359	13,8	1.514.067	15,0	2.097.426	14,6
Total	4.215.003	100,0	10.118.012	100,0	14.333.915	100,0

* Inclui apenas a população livre.
** A categoria 'mulata' inclui os índios.
Fonte: Censo demográfico de 1950.

A tendência para a polarização geográfica ou segregação dos dois grupos raciais — que junto com os mecanismos de discriminação está na base da estrutura das desigualdades raciais existentes — relacionava-se às características dos movimentos de migração internacional e interna que tiveram lugar a partir do século passado. Tais processos demográficos, longe de serem puramente espontâneos, foram condicionados por políticas públicas específicas. A esse respeito a promoção oficial da migração europeia para atender à falta de mão de obra no Sudeste (e especificamente em São Paulo) é de particular importância."

Tabela IV-6
Distribuição dos Grupos Raciais por Regiões, 1890-1950

	1890 — %		1940 — %		1950 — %	
	Branco	Não--branco	Branco	Não--branco	Branco	Não--branco
Sudeste	41,4	20,0	51,9	18,2	5,8	17,6
Resto do país	58,6	80,0	48,1	81,8	44,2	82,4
Total	100,0	100,0	100,0	100,0	100,0	100,0

Fonte: IBGE — Censo Demográfico de 1950.
Obs: Não-branco inclui as categorias do Censo de negros e mulatos e exclui, em 1940 e 1950, os orientais.

HASENBALG, C. Alfredo. Discriminação e desigualdades raciais no Brasil. Rio de Janeiro: Graal, 1979. (p. 148-150)

(4) ALMEIDA, Alfredo Wagner B. de. A ideologia da decadência. São Luís: IPES, 1983.

(5) São trabalhos clássicos sobre a lavoura maranhense:

ABRANCHES, João Antônio Garcia de. **Espelho crítico político da Província do Maranhão**. Lisboa, Portugal: Rollandiana, 1822. (Dividido em duas partes, na primeira se mostra um sumário dos progressos da lavoura, e circunstâncias dos lavradores. Observações sobre o comércio da escravatura, e dificuldades de cultivar-se o Brasil com homens livres.)

GAIOSO, Raimundo José de Souza. **Compêndio histórico-político dos princípios da lavoura do Maranhão**. Rio de Janeiro: Livros do Mundo Inteiro, 1970. (Coleção São Luís I — edição fac-similar do original de 1818, publicado em Paris.)

BRANDÃO, F. A. **A escravatura no Brasil**. Bruxelas, Bélgica: Thiry — Vass Buggenhoudt, 1865. (Precedida de um artigo sobre agricultura e colonização no Maranhão.)

XAVIER, Manuel Antônio. **Memória sobre o decadente estado da lavoura e comércio da Província do Maranhão e outros ramos públicos que obstam a propriedade e aumento de que é suscetível**. Rio de Janeiro: I.H.G.B., 1956.

(6) GAIOSO, Raimundo José de Souza. **Compêndio histórico-político dos princípios da lavoura do Maranhão.** Rio de Janeiro: Livros do Mundo Inteiro, 1970. (Coleção São Luís I — edição fac-similar do original de 1818, publicado em Paris)

(7) Vide ALMEIDA, Alfredo Wagner B. de. Quilombos, selvagens e facinorosos: pânico na capital e no sertão. In: _____. **A ideologia da decadência.** São Luís: IPES, 1983.

(8) Em livro, o trabalho mais completo sobre uma comunidade negra maranhense é o de Luiz Eduardo Soares, de leitura incômoda, em muitas passagens, pelo excesso de jargão acadêmico. Se trata de Bom Jesus, no município de Pedreiras, talvez o mais notório caso de disputa pela terra do estado — cerca de mil famílias negras, instaladas há cem anos, lutando com todas as armas contra a expropriação.

SOARES, Luiz Eduardo. **Campesinato: ideologia e política.** Rio de Janeiro: Zahar, 1981.

Trabalho positivo, ainda que apenas começado, vem sendo desenvolvido pelo Centro de Cultura Negra do Maranhão, que mapeou, cerca de trinta "quilombos contemporâneos" no estado, e publicou, em apostila, interessante documento sobre quilombos históricos do Turi e Itapecuru. Nessa documentação, e nas exposições que membros deste Centro de Cultura Negra têm feito, em diversas ocasiões, baseei algumas conclusões desta seção do texto; nelas e nas visitas de pesquisa, breves de um dia para cada comunidade, que fiz a Bonsucesso, município de Vargem Grande Rampa, município de Mata Roma e Bom Jesus, município de Pedreiras.

A expressão "isolados negros" nos foi sugerida por um opúsculo:

LIMA, Olavo Correia. **Isolados negros do Maranhão.** São Luís: São José, 1980.

(9) Sobre o *legalismo* das comunidades camponesas, ler:

HOBSBAWM, Eric J. Peasant land occupations. **Past and Present**, London-UK, v. 62, n. 1, p. 120-152, 1974.

(10) Sobre a expropriação das comunidades rurais negras do Maranhão por intermédio da pecuária:

"Seja qual for o método de apropriação formal do registro legal de posse da terra, o fazendeiro normalmente investe na pecuária ou através dela. Indiferentemente de qualquer utilização imediata, a terra na região amazônica é um bem em processo de rápida valorização e a especulação imobiliária um empreendimento em si mesmo extremamente atraente. Além disso, a propriedade da terra é trampolim para captação de crédito subsidiado junto ao Banco do Brasil, mediante a apresentação de projeto agropecuário. Essa linha de crédito termina muitas vezes por ser canalizada para reaplicações vantajosas e especulativas no mercado financeiro, sendo, nesses casos, os pretensos projetos meros artifícios. Daí a importância da manutenção das pastagens, mesmo que incompatíveis com as necessidades reais das cabeças de gado verdadeiramente disponíveis. Assim, com frequência, o estado financia indiretamente a retenção ociosa das terras e estimula a especulação imobiliária e a expropriação dos pequenos produtores."

SOARES, Luiz Eduardo. **Campesinato: ideologia e política**. Rio de Janeiro: Zahar, 1981. (p. 29)

E ainda:

"A expropriação das terras, decorrente da apropriação por parte de 'barões' vorazes, metamorfoseando os direitos e a liberdade em cativeiro — no próprio território assaltado ou longe dali, no ponto final de qualquer fuga —, é uma inversão terrível, comparável àquela prognosticada por Antônio Conselheiro, com sinais contrários: mar e sertão trocam de lugar. Esta a ameaça que paira sobre Bom Jesus e é atualizada nestes momentos graves, guardados pela memória nacional. O sagrado é profanado. A capela vira cocheira. O humano e o animal invertem suas posições. A ordem sagrada do mundo, os princípios cosmológicos essenciais, os valores morais e éticos fundamentais, a lógica camponesa do trabalho e da vida social são virados de pernas para o ar."

IDEM, Ibidem, p. 51.

(11) É vasta a bibliografia sobre a passagem do negro de escravo a cidadão marginalizado, no Sudeste. Nela aparecem em questão os aspectos aqui aflorados, e outros de igual ou menor interesse. Ler entre outros:

EL-KAREK, Almir Chaiban. **Telha branca de mãe preta: a Companhia da Estrada de Ferro D. Pedro II, 1855-65**. Petrópolis: Vozes, 1982.

IANNI, Octavio. **Escravidão e racismo**. São Paulo: Hucitec, 1978.

BEIGUELMAN, Paula. **A formação do povo no complexo cafeeiro: aspectos políticos**. São Paulo: Pioneira, SP, 1968.

FRANCO, Maria Sylvia Carvalho. **Homens livres na ordem escravocrata**. São Paulo: Ática, 1974.

COSTA, Emília Viotti da. **Da senzala à colônia**. São Paulo: Difusão Européia do Livro, 1966.

COSTA, Emília Viotti da. **Da monarquia à república: momentos decisivos**. México: Grijalbo, 1977.

FERNANDES, Florestan. **A integração do negro na sociedade de classe.** São Paulo: Dominus, 1965. 2 v.

FERNANDES, Florestan. **O negro no mundo dos brancos.** São Paulo: Difusão Européia do Livro, 1972.

MOURA, Clóvis. **O negro, de bom escravo a mau cidadão?** Rio de Janeiro: Conquista, 1980.

DZIDZENYO, Anani. **The position of blacks in Brazilian society.** London, UK: Minority Rights Group, 1971. (Report n. 7)

(12) *Quilombo* é um filme de Carlos Diegues (escritor e diretor), produzido por Augusto Arraes.

(13) O Centro de Cultura Popular, da União Nacional dos Estudantes, extinto em 1964, foi em parte responsável por uma ação cultural populista: estudantes esclarecidos politizavam o povo através do teatro de denúncia. Foi também um celeiro de cineastas, teatrólogos, atores e roteiristas, alguns dos quais assumiram a liderança desses setores.

(14) O terreiro da Casa Branca é a matriz dos terreiros de candomblé da Bahia (fundado cerca de 1830). Vinha sendo sufocado pela especulação imobiliária e estava em situação física precária. Certa mobilização da opinião pública, em sua defesa, bem como a demonstração do seu papel histórico por historiadores e antropólogos, impressionou a Secretaria de Cultura do MEC, que passou a coordenar os esforços na direção do tombamento.

(15) Sobre o *caráter dionisíaco* do negro:

"O desenvolvimento do futebol, não num esporte igual aos outros, mas numa verdadeira instituição brasileira, tornou possível a sublimação de vários daqueles elementos irracionais da nossa formação social e de cultura. A capoeiragem e o samba, por exemplo, estão presentes de tal forma no estilo brasileiro de jogar futebol que de um jogador um tanto álgido como Domingos, admirável no seu modo de jogar, mas quase sem floreios — os floreios barrocos tão do gosto brasileiro —, um crítico da argúcia de Mário Filho pode dizer que ele está para o nosso futebol como Machado de Assis para a nossa literatura, isto é, na situação de uma espécie de inglês desgarrado entre tropicais. Em moderna linguagem sociologica, na situação de um *apolíneo* entre *dionisíacos*. O que não quer dizer que deixe de haver alguma coisa de concentradamente brasileiro no jogo de Domingos como existe alguma coisa de concentradamente brasileiro na literatura de Machado de Assis. Apenas há num e noutro um domínio de si mesmos que só os clássicos — que são, por definição, apolíneos — possuem de modo absoluto ou quase absoluto, em contraste com os românticos mais livremente criadores. Mas vá alguém estudar a fundo o jogo de Domingos ou a literatura de Machado que encontrará decerto nas raízes de cada um, dando-lhes autenticidade brasileira, um pouco de samba, um pouco de molecagem baiana e até um pouco de capoeiragem pernambucana ou malandragem carioca. Com esses resíduos é que o futebol brasileiro afastou-se do bem-ordenado original britânico para tornar-se a dança cheia de surpresas irracionais e de variações dionisíacas que é. A dança dançada baianamente por um Leônidas; e por um Domingos, com uma impassibilidade que talvez acuse sugestões ou influências ameríndias sobre sua personalidade ou sua formação. Mas, de qualquer modo, dança.

Sublimando tanto do que é mais primitivo, mais jovem, mais elementar, em nossa cultura, era natural que o futebol no Brasil, ao engrandecer-se em instituição nacional, engrandecesse também o negro, o descendente de negro, o mulato, o cafuzo, o mestiço. E entre os meios mais recentes — isto é, dos últimos vinte ou trinta anos — de ascensão social do negro ou do mulato ou do cafuzo no Brasil, nenhum excede, em importância, ao futebol."

FREYRE, Gilberto. Prefácio à primeira edição. In: FILHO, Mário. **O negro no futebol brasileiro**. 2. ed. Rio de Janeiro: Civilização Brasileira, 1964.

Este livro foi impresso em novembro de 2020, na Gráfica Eskenazi, em São Paulo.
O papel de miolo é o offset 70g/m² e o de capa cartão 250g/m².